本书得到中国农业科学院联合攻关重大科研任务

"新时期国家粮食安全战略研究"

（编号：CAAS—ZDRW202012）的资助

Research on
National Food Security
Strategy in the New Era

新时期
国家粮食安全战略研究

中国农业科学院"中国粮食发展研究"课题组 ◎著

中国财经出版传媒集团
经济科学出版社
Economic Science Press

中国农业科学院"中国粮食发展研究"课题组

简　　介

2018 年 5 月，在时任院党组书记陈萌山同志的倡导下，中国农业科学院组建了由不同领域、不同单位的专家、青年骨干组成的"中国粮食发展研究"课题组，成员包括陈萌山、袁龙江、李思经、钟钰、胡向东、姜文来、王国刚、张宁宁、崔奇峰、王秀丽、普蕡喆、张琳、秦朗等同志，首席专家为钟钰同志。同时，形成了与省级农业科学院和农业类院校的密切合作机制。多年来，课题组的科研工作得到院党组的高度重视和院机关的大力支持。在院农经所的直接推动下，课题组围绕国家重大需求，以农村基层调研为基础，通过协同攻关协作，形成并不断扩大以粮食大户、家庭农场、涉农企业、县乡村有关干部等为主体的基层联系网络，开展粮食发展战略研究，为党中央提供决策支撑，为农业农村部和有关政府部门提供政策服务。同时，也有效促进了新时期我国粮食发展的理论探索和实践创新。

课题组成立以来，成功申请获批国家社科基金重大项目"耕地—技术—政策融合视角的'两藏'战略研究"，这是中国农业科学院建院以来的第四个国家社科基金重大项目。获批国家自然科学基金青年项目 3 项，国家社科基金一般项目 2 项，中央农办、农业农村部软科学课题 3 项。发表高质量学术文章 50 余篇，特别是 2020 年发表的论文 *Rising Concerns over Agricultural Production as COVID - 19 Spreads：Lessons from China*，在

Web of Science JCR 排名前 5% 的期刊 *Global Food Security* 发表（期刊影响因子 7.77），成为 ESI 高被引论文和热点论文。同时，研究成果"新形势下的粮食安全问题研究"荣获 2019 年度中央农办、农业农村部乡村振兴软科学研究优秀成果奖，《粮食"不愁吃"的保障机制存在明显短板》荣获国务院参事室举办的第四届"费孝通田野调查奖"优秀奖，《经济发达主销省实现口粮自给有基础、需加力——基于闽粤两省 5 个县（市）的调研》荣获国务院参事室举办的第五届"费孝通田野调查奖"优秀奖。一批博士生、硕士生参加了课题组的基层调研和重大课题研究，其"三农"情怀和科学素养显著提升。课题组先后邀请了 20 多个省级农业科学院和农业类院校的多名粮食研究骨干人员参加了调研，有效促进其研究工作深化。

前　言

习近平总书记在致中国农业科学院建院 60 周年的贺信中强调，"中国农业科学院要面向世界农业科技前沿、面向国家重大需求、面向现代农业建设主战场"。开展国家粮食安全协同研究对落实习近平总书记重要指示精神意义重大，更是服务国家粮食安全决策重大需求的职责和使命所在。本书的研究内容可分为以下几部分。一是我国粮食供需平衡研究，对当前及未来中国粮食安全变化及趋势进行判断，并基于 2004～2018 年宏观统计数据，采用流向法对中国各省份的粮食自给率进行测算，未来主销省份要实现一个"全部自给"，产销平衡省份要实现两个"基本自给"，主产省份要实现三个"稳定"，以提升各区域省份粮食安全保障能力，提升国家粮食安全保障水平。二是农户粮食生产投入与全要素生产率研究，评价各类技术和服务创新在粮食生产的中的作用，提出技术创新和服务改善的重点和方向。三是耕地资源"非粮化"研究，分析了我国 2001～2019 年耕地资源演变，开展了分省区"非粮化"评估，提出保障我国粮食用地和粮食生产布局优化策略。四是粮食生产自然灾害风险管理，构建我国粮食作物自然灾害风险保险体系，提出未来农业保险政策的改善，要有效规避其对长期投入的负面影响，同时增强不同激励政策之间的协调性。五是粮食国内支持政策优化研究，建议未来不应贸然取消托市，改革取向也不应囿于非此即彼式的政策抉择，而是应建立多层次粮食支持体系，将生产者补贴常规化，收缩托市范围并将其后置，引入私人民间收储以强化效果、降低成本、培育市场，同时拓展保险、信贷等支持渠道。

目录

CONTENTS

第三篇　政策建议

第一篇

宏观形势

第一章

2020—2021 年度粮食形势
分析与展望

2020 年，在党中央高度重视下，各地、各部门加大粮食生产支持力度，层层压实粮食生产责任，积极落实各项补贴政策，提高农民种粮积极性，粮食再获丰收。人均粮食占有量达到 478 千克以上，中国人的饭碗牢牢端在自己的手中。但作为一个有着 14 亿人口的大国，粮食安全这根弦永远都不能放松。2021 年，我国迈入"十四五"时期，在全面建成小康社会基础上开启全面建设社会主义现代化国家的新征程，更要居安思危，高度关注并着力破解粮食生产面临的难题，才能有应对之策，才能有备无患。

第一节　2020 年粮食生产再获丰收

一、政策调控发力，面积恢复增长

2020 年是一个不平凡之年，粮食生产先后经历多个关口，春耕备耕时的"新冠肺炎疫情关"，南方水稻双抢时的"洪涝关"，东北秋收之前的"台风关"，草地贪夜蛾等"病虫害关"，频发并叠加的灾害给粮食生产带来诸多挑战。在党中央领导下，各级相关部门全力配合，一系列政策的制定和贯彻为粮食生产顺利"闯关"保驾护航，在春耕生产的关键节点，中央及时印发《当前春耕生产工作指南》，分区分级部署春季农业生产秩序，经国务院同意，向各省区市政府下达了粮食生产目标，这是多年以来没有出现过的。在中央财政预算紧张的情况下，还统筹整合40多亿元支持双季稻生产，继续实施稻谷、小麦最低收购价，提高连续三年调低的籼稻最低收购价，保持玉米、大豆生产者补贴资金的规模总体稳定，及时下拨重大病虫害防控资金和农业生产救灾资金。总体来看，2020年粮食生产政策支持力度之强、内容之丰，为粮食面积增长提供了坚实的支撑。2020年粮食播种面积17.52亿亩，比上年增加1056万亩，增长0.6%，其中除夏粮种植面积下降273万亩，早稻和秋粮分别增加452万亩和879万亩，分别增长6.8%和0.7%。分品种来看，稻谷播种面积增加574万亩，增长1.3%；玉米小幅下降30万亩，降幅0.05%；小麦减少522万亩，降幅1.5%；大豆增加800万亩，增长1.0%。据测算，2020年粮食面积增加对增产的贡献率超过了50%。

2000～2020年全国粮食播种面积和主要粮食品种播种面积情况分别如图1-1和图1-2所示。

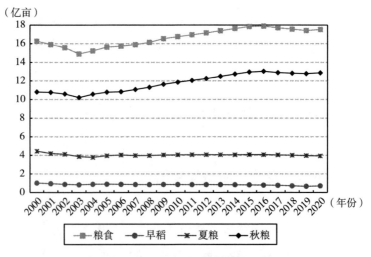

图1-1　2000～2020年全国粮食播种面积

资料来源：历年《中国统计年鉴》《中国农村统计年鉴》。

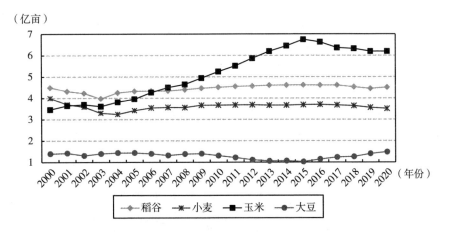

图 1 - 2 2000 ~ 2020 年全国主要粮食品种播种面积
资料来源：历年《中国统计年鉴》《中国农村统计年鉴》。

二、有效应对灾害，单产总产提高

各级农业农村部门坚持全年抗灾夺丰收，先后部署打好了"战疫情保春耕""抗洪涝保'双抢'""抗台风减损失""防病虫保丰收"四场攻坚战，布设了草地贪夜蛾"四条阻击带"和沙漠蝗"三道入侵防线"，最大限度地减轻粮食受损。粮农积极抗灾减灾，及时播种、施肥、打药、收获，加强田间管理，辛勤耕耘，克服疫情和灾害的影响，夺取了粮食丰收。2020 年粮食单产和总产都有一定提高，全国粮食作物单产 382 千克/亩，每亩产量比 2019 年增加 0.9 千克，增长 0.2%[①]，小麦和大豆单产增加，玉米持平，稻谷略减，主要是南方局部洪涝灾害的影响（见图 1 - 3）。2020 年全年粮食总产量达到 6695 亿千克，较 2019 年增加 56.5 亿千克，增长 0.9%，创历史新高，连续 6 年稳定在 0.65 万亿千克以上（见图 1 - 4）。其中早稻、夏粮、秋粮产量都比 2019 年有所增长，尤其是早稻，产量 273 亿千克，较 2019 年增加 10.3 亿千克，这是早稻连续 7 年下滑后首次恢复增长，2020 年早稻从春季的育秧、栽插、分蘖，到最后灌浆，一直

---

① 农业农村部就粮食市场运行和生产有关情况举行新闻发布会公布的数据。

到7月初,光、温、水都非常适宜早稻生长,早稻单产提高,再加上种植面积增加,早稻产量恢复增长。秋粮产量也有提高,春播期间雨水较好,墒情不错,过去部分偏旱的地区也种上了粮食,不仅扩大了秋粮种植面积,也提高了秋粮单产,同时农民对后期粮价有上涨预期,进一步扩大秋粮种植面积,引起秋粮产量增加。分品种来看,稻谷和小麦产量小幅增长,大豆产量大幅增长,玉米产量出现一定的下降(见图1-5)。

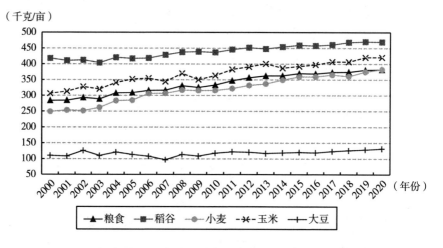

图1-3 2000～2020年全国粮食和主要粮食品种单位面积产出

资料来源:历年《中国统计年鉴》《中国农村统计年鉴》。

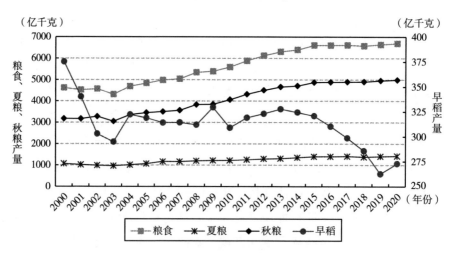

图1-4 2000～2020年全国粮食产量

资料来源:历年《中国统计年鉴》《中国农村统计年鉴》。

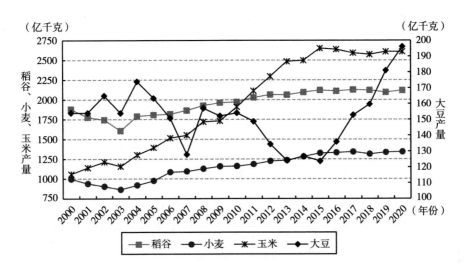

图 1 - 5　2000 ~ 2020 年全国主要粮食品种产量
资料来源：历年《中国统计年鉴》《中国农村统计年鉴》。

三、技术装备变革，引领业态创新

截至 2020 年，我国粮食已获得连续 17 年丰收，这与粮食生产技术装备变革密不可分。近年来，我国在农业基础设施建设和农业技术进步上持续加大投入力度，"十三五"期间，中央连续五年作出具体工作部署，截至 2020 年 9 月，"十三五"时期第一产业固定资产投资达到 8.64 万亿元，是"十二五"时期的 1.66 倍[①]，农业基础设施建设明显改善，物质技术装备条件加快提升，四个方面的成就尤为突出：一是大规模建设高标准农田。实施耕地地力保护与提升行动，2019 年全国耕地平均等级达到 4.76 等，较 2014 年提升 0.35 个等级[②]，到"十三五"期末，完成 8 亿亩旱涝保收、高产稳产的高标准农田建设任务，农业抗灾减灾能力显著增强，亩均粮食产量提高约 100 千克。二是国家良种技术保障能力显著提升。建设以海南、甘肃、四川三大国家级育制种基地为核心，52 个国家级制种大县和 100 个区域性良种繁育基地为骨干的种业基地"国家队",农业用种供给保障能力显著提升。现代种业"芯片"不断创新突破,主要农作物新一轮更新换代成效显著,自主选育品种面积超过 95%,实现了中国粮主要用中国种。三是农业机械化全程全面发展。截至 2020年 10 月,已建成 453 个主要农作物生产全程机械化示范县,丘陵山区农田宜机化改造加快推进,全国农业机械总动力达到 10.28 亿千瓦,农作物耕种收机械化率超过 70%,农业科技进步贡献率突破 60%,农业机械化正在从耕种收环节向植保、秸秆处理、烘干等全程延伸拓展①。四是推动新型粮食产业发展。随着"新基建"的建设,"互联网 +"迅速渗透粮食产业的各个环节,从生产、收获、运输、储存等都已迈入大数据信息阶段。

第二节　2020 年粮食市场结构性矛盾缓解

一、品质改善提升,需求持续向好

随着经济社会发展,居民人均收入提高,居民对粮食的需求已经从过去的数量逐渐转换到质量、品质、生态,粮食生产方向也在逐渐转变。过去粮食生产片面追求几连增,但几连增背后可能是为了增产,不惜一切代价地使用了太多化肥、农药、添加剂,这样的粮食生产方式不仅生产出的粮食不安全,没有被作物吸收的农药、化肥进入土壤还会对环境造成污染。通过化肥农药减量增效等一系列手段,既降低污染,还提高粮食品质。通过推广绿色防控技术,一般大田作物每季可减少用化肥 1 ~ 2 次,农药用量减少 15% ~ 30%②。通过推广应用配方施肥、水费一体化、机械施肥等高效施肥技术和新型经营主体减肥增效生产模式。经测算,

---

① 国新办举行"十三五"时期农业农村发展成就新闻发布会 [EB/OL]. (2020 - 10 - 27). http://www.moa.gov.cn/hd/zbft_news/sswsqnyncfzqk/wzzb_26404/.

② 国家粮食和物资储备局. 2019 中国粮食和物资储备年鉴 [M]. 北京:经济管理出版社,2019.

2017年我国水稻、玉米、小麦三大粮食作物化肥利用率为37.8%，比2015年提高2.6个百分点①，2013年开始稻谷、小麦、玉米和大豆每亩化肥用量增速放缓，部分年份还有下降趋势（见图1-6）。同时，探索绿色生态种养模式。一是推进种植、养殖结合，贵州省推广"稻+鸭""稻+鱼"等生态种养模式，实行绿板和黄板灭虫，使用高效低残留农药，提高农产品品质。二是推进种地养地结合。上海市推进以"绿肥—稻""冬耕晒垡—稻"为重点的绿色茬口模式，创建区应用面积达72.5%。江苏省示范推广水旱轮作、菜（菌）菜轮（共）作、菌渣循环利用、"猪—沼—菜"等10多种绿色高效新模式②。

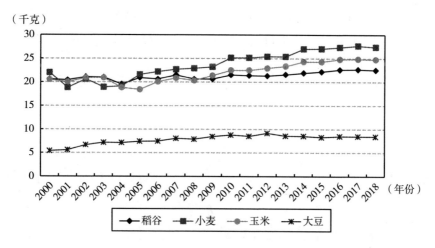

图1-6 2000~2018年全国主要粮食品种每亩化肥用量
资料来源：《全国农产品成本收益资料汇编》。

二、应对外部风险，进口稳中有序

部分粮食品种适度进口是合理状态，我国粮食安全问题更多的是中长期问题，未来很长一段时间国内粮食供需会处在一个紧平衡状态，紧平衡主要体现在两方面：一是总量的紧平衡，表现为在短期内部分粮食

---

①② 国家粮食和物资储备局. 2019中国粮食和物资储备年鉴［M］. 北京：经济管理出版社，2019.

品种自给率较高，甚至供大于求，但受制于我国资源和技术条件，长期的可持续发展不稳定；二是结构的紧平衡，并非所有的粮食品种都处于国内自给安全状态，同一时间会出现一部分粮食品种供大于求，另一部分粮食品种短缺的状态。当国内粮食供需出现局部失衡时，适度进口是合理的，当前表现最突出的是小麦和大豆两个品种。小麦进口是结构问题，而大豆是国内缺口最大的粮食品种，对外依存度超过80%，自2015年大豆进口量就超过8000万吨，2018年和2019年虽然与大豆主要来源国美国发生贸易摩擦，大豆进口量依旧维持在8800万吨以上，分别有8803万吨和8851万吨（见图1-7），随着中美第一阶段经贸协议的落实，国内生猪养殖业恢复等，大豆进口总量将有所增加①。据海关统计，2020年1~9月全国累计进口大豆7453万吨，同比增长15.5%。

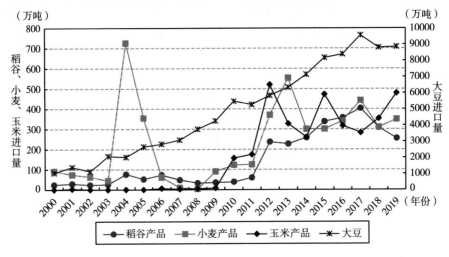

图1-7 2000~2019年全国主要粮食品种进口量
资料来源：历年《中国统计年鉴》《中国农村统计年鉴》。

三、收储稳中有变，保供成效明显

2020年继续实施稻谷、小麦最低收购价，籼稻最低收购价在连续

---

① 农业农村部：2020年中国大豆进口总量将有所增加［EB/OL］. 中国新闻网，2020-01-15.

三年调低的情况下，2020 年有所提高，早籼稻（三等）最低收购价格从每50 千克120 元提高到121 元，中晚籼稻（三等）最低收购价格从每50千克126 元提高到127 元。新麦上市后，湖北、安徽、江苏、河南四省先后启动了小麦最低收购价执行预案，市场价格稳中走强，7 月底，主产区小麦收购价普遍上涨至每千克2.24 ~ 2.44 元，比开秤初期高了0.04 ~ 0.12 元，比上年同期高了0.06 ~ 0.16 元，其中山东小麦收购价在每千克2.34 元以上，比上年同期高了0.16 元左右①。还有对玉米和大豆继续保持了生产者补贴资金的规模稳定，总体来看国家各项粮食相关政策尤其是收储政策对提高种粮积极性、稳定粮食生产、调控粮食市场、保障粮食供应的成效显著。

第三节　2021 年粮食形势走向与展望

一、粮食生产保供压力较大

目前我国粮食生产保供压力主要来自三个方面：一是粮食生产成本高，价格缺乏竞争力。近年来，我国粮食成本不断上升，从 2013 年的1026.19 元/亩增加到 2018 年的 1093.77 元/亩，挤压种粮效益。与美国等发达国家相比，我国粮食生产成本高，粮食价格缺乏竞争力，导致了"价差驱动型"进口。2018 年我国稻谷成本比美国每吨高 811 元，高48.4%；小麦比美国每吨高 1003 元，高 57.59%；玉米比美国每吨高1183 元，高 122.94%；大豆比美国每吨高 3119 元，高 145.11%。② 中国粮食在成本和价格上严重缺乏市场竞争力。二是资源约束粮食供给。2020 年全国粮食总产量达 6695 亿千克，创历史新高，人均粮食占有量超

---

① 农业农村部就粮食市场运行和生产有关情况举行新闻发布会［EB/OL］. (2020 - 08 - 26). http://www.moa.gov.cn/hd/zbft_ news/dqlsscyxsc/.

② 根据《全国农产品成本收益资料汇编》相关数据计算。

过 478 千克，远高于世界平均水平，也高于国际公认的 400 千克安全线。这组喜人数据的背后需要较大的资源支撑，据统计，生产 1 千克粮食约耗费 1 吨水，我国一直在用世界 9% 的耕地、6.5% 的淡水，解决世界近 20% 的人口吃饭问题，这种人多地少、水资源短缺的现状短期内难以改变，对粮食生产约束日益突出。三是粮食主产区地方财政吃紧。粮食主产区财政普遍吃紧，尤其是当前全国经济处于下行状态，"粮食大县、经济小县、财政穷县"的窘境基本没有缓解。产量大县对国家粮食安全贡献很大，但自身财力差，基础设施建设滞后、人均支出和人均收入水平不及沿海发达地区一半，地方在粮食安全战略中生存与发展、公平与效率的矛盾突出，也会影响粮食供给安全。

二、种植结构品质继续优化

党的十八大以来，党中央提出了"确保谷物基本自给、口粮绝对安全"的新粮食安全观，确立了"以我为主、立足国内、确保产能、适度进口、科技支撑"的国家粮食安全战略，引导我国粮食生产结构进一步优化。稻谷和小麦作为口粮，自给率总体保持在 100% 以上，为了达到"口粮绝对安全"的目标，稻谷种植面积占粮食种植面积的比重一直维持在 25% 以上，产量在 2100 亿千克左右；小麦种植面积占粮食种植面积的比重一直维持在 20% 以上，产量在 1300 亿千克以上。玉米在 2015 年以前出现产量高、库存量高、进口量高"三高"的情况，2015 年 11 月 2 日农业部发布《关于"镰刀弯"地区玉米结构调整的指导意见》调整玉米结构，玉米种植面积开始下降，随着饲料用玉米、酒精加工、石油加工的快速发展，玉米库存下降极快，同时玉米需求增加，导致玉米市场价格大幅上升，玉米种植面积止跌，占比稳定在 35% 以上，产量也从 2017 年和 2018 年都低于 2600 亿千克恢复到 2019 年和 2020 年的 2600 亿千克以上。我国大豆自给率不足 20%，随着大豆振兴计划的开展，高产大豆育种技术、大豆生产组织化程度等得以提高，大豆种植面积有所增加。总体来看，口粮保障了绝对安全、玉米结构调整成效显著、大豆生产水平有所提升，整个粮食种植结构日趋合理。

三、市场化改革取向加速推进

党的十九大报告对新时代我国社会的主要矛盾概括为"人民日益增长的美好生活需要和不平衡不充分的发展之间的矛盾"，要求"着力解决好发展不平衡不充分问题，大力提升发展质量和效益"，实现资源充分合理配置，提高市场效率。粮食市场化改革有以下三个方面的体现：一是粮食产业也存在供需结构性失衡问题，随着大豆振兴计划等政策落实，大豆产量在 2020 年创下 196 亿千克的新高。二是粮食产业链延伸，2018 年粮油加工业企业实现工业总产值 3.08 万亿元，同比增长 6.1%，全国加工转化粮食 5.5 亿吨，粮食加工转化率高达 83.3%，粮食加工转化能力稳步提高，产业链进一步延伸[1]。三是粮食生产扶持政策保障粮食市场供给，耕地地力保护、农机购置补贴、产粮大县奖励和玉米大豆生产者补贴提高农民种粮积极性，继续实施小麦最低收购价政策和稻谷最低收购价政策助推市场合理运行。

四、部分粮食进口存在不确定性

粮食进口不确定性主要有三个方面。一是国际供应量不确定。全球各地爆发的新冠肺炎疫情、蝗灾、台风、森林火灾、政治不稳定等多重因素叠加有可能对粮食生产造成冲击，虽然近几年由于不断提高的生产力，全球粮食产量屡创新高，对这样的冲击有一定的抵消作用，但影响不可忽视[2]。二是国际供应不及时。一系列遏制 COVID-19 病毒传播所需的行动或者其他国际摩擦，都有可能扰乱粮食的运输和加工，增加交货时间，甚至减少最基本的市场供应[3]。2020 年初，我国多个主要粮食出口

---

① 国家粮食和物资储备局. 2019 中国粮食和物资储备年鉴 [M]. 北京：经济管理出版社, 2019.
② 经济合作与发展组织, 联合国粮食及农业组织. 2018—2027 年农业展望 [R]. 2018.
③ 联合国粮食及农业组织. 2020 全球粮食危机报告 [R]. 2020.

国出于本国安全考虑，开始限制粮食出口，越南、哈萨克斯坦、俄罗斯、泰国等国一度宣布禁止或减缓粮食出口，打乱了国际粮食进出口秩序，严重扰乱粮食供应链。三是国际关系不稳定。我国粮食进口来源国较为集中，大豆主要来源国是巴西和美国，从两国进口大豆总量超过中国大豆进口总量的80%；2015年以前我国玉米主要来源国是美国，后来为分散贸易风险，我国积极拓展玉米进口渠道，构建粮食多元进口格局，2015年以后乌克兰取代美国成为我国玉米最大进口来源国，但来源国还是过于集中，一旦我国和粮食主要来源国出现关系摩擦，粮食进口就有恶化的可能。

五、技术装备作用更加突出

科学技术装备是提高粮食安全的重要支撑。在粮食生产环节，实施农作物良种工程、植物保护能力提升工程建设，着力改善种质资源开发利用、品种改良中心、良种繁育基地和病虫害监测、预警和防控等基础设施条件，促进粮食作物优良品种研发和推广，增强粮食生产减灾能力，提升粮食生产科技水平。在粮食收获环节，按照不同粮食品种和生长状态开展收获机械改装，提高机械收获匹配度。针对粮食收纳、中转、储备环节，对不同功能需求，优化仓型设计和储粮"四合一"技术应用，因地制宜推广使用新仓型，全面推进物理和生物杀虫防霉、气调储粮、智能粮情监测、智能通风、节能低碳烘干等绿色生态智能储粮技术，提高仓储管理水平。

（执笔：钟珏）

粮食供需预测与分析

第一节　粮食预测方法、数据及方程形式

一、粮食预测方法和数据

本章主要采用中国农业科学院农业经济与发展研究所和国际食物政策研究所（IFPRI）共同开发的中国农业产业模型（China Agriculture Sector Model，CASM）模拟预测中国粮食未来发展趋势，包括生产、消费和贸易趋势。CASM 模型是涵盖 31 种农产品和农产品加工的中国农产品局部均衡模型，其中包括稻谷、小麦、玉米、大豆、马铃薯和其他粮食 6 种粮食品种，以及棉花、油菜籽和花生、甘蔗和甜菜、蔬菜和水果，以及 10 种畜产品（母猪、商品猪、猪肉、母牛、商品肉牛、牛肉、鸡肉、羊肉、牛奶、禽蛋）、水产品和 7 种农产品加工品（豆粕、豆油、菜粕、菜籽油、花生粕、花生油、食糖）。因此，CASM 模型用于粮食预测时具有明显的优点，不仅考虑到不同粮食作物之间、粮食与其他作物之间的替代关系，同时还考虑到粮食作物用于饲料消费与畜产品之间的互补关系。CASM 模型的理论基本框架如图 2 - 1 所示。模型中，每种农产品都

包括供给和需求两方面，当总供给和总需求相等时，市场出清，共同决定均衡价格。供给由产量和进口组成。其中，农作物产量取决于种植面积和单产水平。畜牧业生产比较复杂，CASM 模型对畜牧业的生产过程进行了详细的刻画，畜产品产量主要取决于屠宰量和胴体重，而屠宰量又取决于母畜存栏、产仔率和其他牲畜的存栏等，胴体重则取决于商品的价格和养殖技术进步等。需求由国内需求和出口需求两部分组成。由于粮食产品的多用途性，在模型中，粮食的需求细分为直接食用消费需求、饲用消费需求、加工需求、种子需求、损耗、库存变化。其中，为了更好地反映粮食直接食用消费的特点，CASM 模型将食物消费需求进一步区分为农村居民和城镇居民食物消费需求，而且考虑到居民在外消费越来越普遍，进一步区分了城乡居民的在家消费需求和户外消费需求。根据不同的消费需求类型受到影响因素也不相同，图 2－1 还分别列出了不同需求类型的主要影响因素。其中，人口和城镇化率是影响居民食用消费的重要因素之一。同时，人均粮食消费量还受到收入和价格的影响，不仅受到商品本身价格的影响，而且还受到其他食品价格的影响。粮食的饲料消费需求量主要取决于畜产品产量和肉粮消费比，同时考虑不同粮食价格之间的比价关系而引起的不同饲料粮之间的相互替代关系。粮食的加工消费量主要受到经济发展、价格和人口规模等因素的影响。CASM 模型由多个方程组成，通过方程定量刻画了各种农产品的生产、消费、贸易和价格及其影响因素，建立不同农产品各种变量之间的相互关系。CASM 模型不仅可以用于模拟预测未来农产品的生产、消费、价格和贸易等发展趋势，同时，还可以用于模拟各种政策变化或外界因素对农业产业可能产生的各种综合影响和冲击，可以用于事前事后政策效果的评价分析。目前，CASM 模型用于预测未来 18 个农业产业发展趋势，同时，用于模拟粮食最低收购价格改革方案、玉米去库存和非洲猪瘟对生猪市场影响等热点问题的研究，为中国农业科学院旗舰报告《中国农业产业发展报告》提供技术支持（张玉梅等，2018；韩昕儒等，2019；韩昕儒等，2020）。

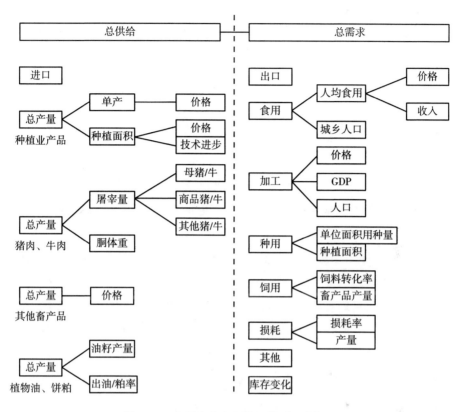

图 2 - 1　中国农业产业模拟模型理论框架

　　CASM 模型的基础数据是各种农产品的供需平衡表，其中生产数据与进出口数据来源于国家统计局，包括粮食作物的产量、播种面积和单位面积产量等指标；其中，粮食消费方面数据来源于国家粮油信息中心，包括食用需求、饲料需求、加工需求、种子需求、损耗等指标；其他产品的消费数据基于供需平衡数据和参考各种数据来源进行估计；各种农产品价格数据来源于《全国农产品成本收益资料汇编》《中国统计年鉴》和农业农村部发布的《中国农产品供需形势分析》等；国际市场价格数据来源于国际货币基金组织。模型参数包括各种农产品的供给价格弹性、需求价格弹性和需求收入弹性等，主要来自参考文献和研究团队的估计值。该模型应用通用代数建模系统（GAMS）进行开发和模型求解。GAMS 具有强健稳定的数值分析能力，模型运行求解速度快，与 Excel 进行对接，方便数据的输入和结果的输出。目前，该模型由 36 组方程组成，共 566 个单方程，23 组变量和 566 个内生变量以及若干外生变量构成。

本章利用 CASM 模型来模拟分析未来粮食安全状况，包括产量、需求量和进口量。以 2019 年作为基准年，通过动态递归动态预测至 2035年。在预测未来粮食产量时，不仅考虑面积和科技进步对单产的影响，而且考虑需求因素对粮食生产的影响。在需求方面，不仅考虑粮食的直接消费需求，同时考虑畜牧业生产及其耗粮情况，分析粮食的饲料消费需求。CASM 模型中还考虑到国内市场和国际市场的对接，国内供需缺口由国际市场提供。在分析预测中国粮食供需与粮食安全情况时，基准方案对未来模拟情景进行了一系列假设，包括未来人口、经济发展、居民收入、科技进步等因素。

第一，假设未来中国人口先增后减，城镇化水平进一步提升。依据中国社会科学院人口与劳动经济研究所的预测结果，中国人口总数在2019～2025 年呈增长趋势，到 2025 年人口到达峰值，2025～2035 年中国人口总数回落。2019 年中国人口总量约为 14 亿人，其中城镇人口 8.48亿人，城镇化率为 60.6%；2025 年中国人口总数 14.12 亿人，其中城镇人口 9.2 亿人，城镇化率为 65.29%；2035 年中国人口总量将回落至13.85 亿人，其中城镇人口 10.1 亿人，城镇化率为 73.0%（见图 2-2）。

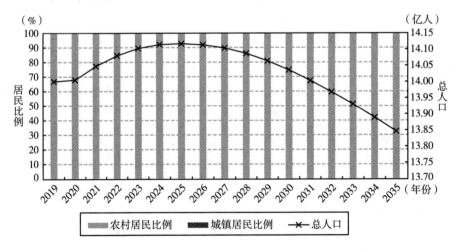

图 2-2 2019～2035 年中国人口总数与城乡人口结构预测
资料来源：笔者计算整理。

第二，中国经济未来增速预计将放缓。2019 年，中国国内生产总值为 99 万亿元，比上年增长 6.1%。综合考虑国际货币基金组织（IMF）、世界银行、经合组织（OECD）等机构对中国 GDP 的预测结果，未来中国 GDP 将进一步增长，但增速将逐渐放缓。IMF（2020）预测中国 2020～2025 年的年平均增速为 5.4%，OECD – FAO（2020）预测 2020～2025 年的年平均增速为 4.9%，2025～2030 年的年平均增速为 3.7%。CASM 模型设定 GDP 增长率将从 2019 年的 6.1% 降至 2035 年的 4.4%，年均增长率为 5% 左右。

第三，由于科技进步，粮食单产水平继续提高，但增速明显放缓。根据《中国统计年鉴》的数据，各种粮食作物单产在 2010～2020 年均明显增加。其中，稻谷的单产从 2010 年的 6891 千克/公顷增加到 2020 年的 7044 千克/公顷，年均增长 0.4%。小麦的单产从 2010 年的 5396 千克/公顷增加到 2020 年的 5742 千克/公顷，年均增长 1.3%；玉米单产增长最快，从 2010 年的 5893 千克/公顷增加到 2020 年的 6330 千克/公顷，年均增长 1.4%。基准方案依据上述历史趋势设定了科技进步对提高单产的作用。模型设定未来单产增速会延续既有历史趋势，但未来随着居民生活水平的提高，科技发展不再一味追求数量增加，而且也注重粮食质量的提高，注重粮食品质和高质量发展，各粮食作物的单产虽然提高，但增速呈明显下降趋势。假设稻谷和小麦单产由于科技进步作用，年均增长 0.2%；玉米单产由于科技进步年均增长率为 0.3%。

二、CASM 模型方程形式

（一）需求方程

1. 食用需求

食用需求方程由三组方程构成，首先分别计算城镇居民和农村居民的人均食物需求量（价格和收入的函数），其次分别计算城镇居民和农村居民的食物需求量，最后加总城乡居民食物需求量得到计算食物需求总量。

居民人均食物消费需求：

$$\ln QDFHpc_{C,H,T} = \alpha_{C,H}^{FH} + \sum_{CP} e_{C,CP,H}^{DFPH} \ln PD_{CP,T} + e_{C,H}^{DFPH} \ln INCPC_{H,T} \quad (2.1)$$

其中，$QDFHpc_{C,H,T}$ 为人均消费量，$PD_{CP,T}$ 为消费者价格，$INCPC_{H,T}$ 为人均收入，H 为人口分组（包括城镇居民和农村居民），$e_{C,CP,H}^{DFPH}$ 为居民食物需求价格弹性，$e_{C,H}^{DFPH}$ 为居民食物需求收入弹性。

居民的食物消费总需求：

$$QDFH_{C,H,T} = QDFHpc_{C,H,T} \times POPH_{H,T} \quad (2.2)$$

其中，$QDFH_{C,H,T}$ 为各人口分组的食物消费总量，$POPH_{H,T}$ 为人口数量。

所有居民食物消费总需求：

$$QDF_{C,T} = \sum QDFH_{C,H,T} \quad (2.3)$$

其中，$QDF_{C,T}$ 为全部人口的食物消费总量。

2. 饲料需求

饲料消费需求取决于畜产品产量和饲料转化系数：

$$FEES_{CFEED,CLVS,T} = \alpha_{CFEED,CLVS}^{FE} \times IOXL_{CFEED,CLVS} \times QX_{CLVS,T} \quad (2.4)$$

其中，$FEES_{CFEED,CLVS,T}$ 为每种畜产品的各类饲料需求量，$QX_{CLVS,T}$ 为畜产品产量，$IOXL_{CFEED,CLVS}$ 为饲料转化系数，$CFEED$ 为可用于饲料的作物，$CLVS$ 为各种畜产品。

各种饲料作物的饲料需求量等于各种畜产品饲料用量的总和：

$$QDL_{CFEED,T} = \sum_{CLVS} FEES_{CFEED,CLVS,T} \quad (2.5)$$

其中，$QDL_{CFEED,T}$ 为各类作物的饲料需求量。

畜产品的饲料成本等于各种饲料消费量乘以价格之和：

$$FECOST_{CLVS,T} = \sum_{CFEED} (FEES_{CFEED,CLVS,T} \times PD_{CFEED,T}) \quad (2.6)$$

其中，$FECOST_{CLVS,T}$ 为饲料成本，$PD_{CFEED,T}$ 为饲料作物消费者价格。

3. 加工需求

糖料作物的加工需求量（QDP）主要由甘蔗和甜菜两类原材料的生产者价格和食糖价格的比值：

$$\ln QDP_{CSUGCRP,T} = \alpha_{CSUGCRP}^{SUG} + sugoutela_{CSUGCRP} \ln \left(\frac{PX_{SUGA,T}}{PX_{CSUGCRP,T}} \right) \quad (2.7)$$

其中，PX 为生产者价格。

除糖料作物外，农产品的加工需求量（QDP）取决于农产品（原材料）的价格（PD）、经济发展（$GDPT$）和人口（$POPH$）总量：

$$\ln QDP_{C,T} = \alpha_C^P + e_C^{LAP}\ln PD_{C,T} + e_C^{LAGDP}\ln GDPT_T$$

$$+ e_C^{LAPOP} \times \ln(\sum POPH_{H,T}) \qquad (2.8)$$

4. 种用需求

种用需求量（QDS）取决于每亩用种量（$IOXS$）和种植面积（AC），为两者的乘积。

$$QDS_{C,T} = IOXS_{C,T} \times AC_{C,T} \qquad (2.9)$$

5. 其他需求

其他需求量（QDO）由产量（QX）和其他需求量的固定比例（$IOXO$）决定。

$$QDO_{C,T} = IOXO_{C,T} \times QX_{C,T} \qquad (2.10)$$

6. 损耗

损耗量（QDW）由产量（QX）和损耗比例（$IOXW$）共同决定。

$$QDW_{C,T} = IOXW_{C,T} \times QX_{C,T} \qquad (2.11)$$

7. 库存变动

库存变动（STV）为产量（QX）和库存固定比例（$IOSTV$）决定。

$$STV_{C,T} = IOSTV_{C,T} \times QX_{C,T} \qquad (2.12)$$

（二）供给方程

1. 农作物种植面积

农作物种植面积（AC）由各类作物生产者价格（PX）的函数和种植面积价格弹性决定。

$$\ln AC_{C,T} = aa_{C,T} + \sum e_{C,CP}^{AP}\ln PX_{CP,T} \qquad (2.13)$$

其中，C 仅表示农作物，$e_{C,CP}^{AP} > 0$。

2. 农作物单产

农作物单产（YC）取决于作物本身的生产者价格（PX）。

$$YC_{C,T} = a^Y_{C,T} + e^{YP}_C \ln PX_{C,T} \tag{2.14}$$

3. 产量

作物产量（QX）由单产（YC）和种植面积（AC）共同决定。

$$QX_{C,T} = YC_{C,T} \times AC_{C,T} \tag{2.15}$$

植物油和饼粕产量（QX）由油料作物加工需求（QDP）和榨油（饼粕）率（$IOOLSD$）决定。

$$QX_{COILMEAL,T} = \sum_{COILSDP} (QDP_{COILSDP,T} \times IOOILSD_{COILMEAL,COILSDP,T}) \tag{2.16}$$

糖产量（QX）是糖加工需求（QDP）的固定比例（$IOSUG$）。

$$QX_{CSUG,T} = \sum_{CSUGCRP} (IOSUG_{CSUGCRP} \times QDP_{CSUGCRP,T}) \tag{2.17}$$

除猪肉、牛肉外畜产品产量由畜产品生产者价格（PX）和饲料成本（$FECOST$）共同决定。

$$\ln QX_{C,T} = \alpha^{SM}_C + \sum e^{SP}_{C,CP} \ln PX_{C,T} + inpela_C \ln FECOST_{C,T} \tag{2.18}$$

其中，$e^{SP}_{C,CP}$ 为供给价格弹性，$inpela_C$ 为投入品弹性。

（三）猪和牛的供需方程

猪肉和牛肉产量（QX）取决于出栏量（QDP）和胴体重（$IOLVMT$）。

$$QX_{CMEAT,T} = \sum_{CLIVE} (IOLVMT_{CLIVE,CMEAT,T} \times QDP_{CLIVE,T}) \tag{2.19}$$

猪和牛的胴体重为生产者价格（PX）的函数。

$$IOLVMT_{CLIVE,CMEAT,T} = AIOLVMT_{CLIVE,CMEAT} + \sum e^{SP}_{CMEAT,CP} \ln PX_{CP,T} \tag{2.20}$$

生猪和活牛基期期末存栏量 = 基期期末存栏量。

$$EST_{CPCB,T} = EST. L_{CPCB,T} \tag{2.21}$$

生猪和活牛未来本期存栏量是期初存栏量、生产者价格变化与饲料成本之间的函数。

$$\ln EST_{CPCB,T} = \ln EST.L_{CPCB,T-1} + estela$$

$$\times \ln\left[\sum_{CPCM}\left(\frac{PX_{CPCM,T}}{PX.L_{CPCM,T-1}} \times fecost.L_{CPCM,T-1}\right)/fecost_{CPCM,T}\right]$$

$$(2.22)$$

淘汰母猪/母牛屠宰量（QDP）由期初存栏量和母猪/牛淘汰率（$IOBRDSLT$）决定。

$$QDP_{CPCB,T} = EST.L_{CPCB,T-1} \times IOBRDSLT_{CPCB,T} \qquad (2.23)$$

母猪/母牛新增存栏方程为：

$$QX_{CPCB,T} = EST_{CPCB,T} + QDP_{CPCB,T} - EST.L_{CPCB,T-1} \qquad (2.24)$$

商品猪/商品牛新增头数方程为：

$$QX_{CPCO,T} = \sum_{CPCB}(EST.L_{CPCB,T-1} \times IOBRDOTH_{CPCB,T}) \qquad (2.25)$$

商品猪/商品牛死亡头数方程为：

$$QDW_{CPCO,T} = QDP_{CPCO,T} \times IODEATH_{CPCO,T} \qquad (2.26)$$

商品猪/商品牛可屠宰数量方程为：

$$QDP_{CPCO,T} = (EST.L_{CPCO,T-1} + QX_{CPCO,T} - QDW) \times IOPCOSLT_{CPCO,T}$$

$$(2.27)$$

商品猪/商品牛的期末存栏方程为：

$$EST_{CPCO,T} = EST.L_{CPCO,T-1} + QX_{CPCO,T} - QDW_{CPCO,T} - QDP_{CPCO,T}$$

$$(2.28)$$

畜产品存栏量变化方程为：

$$STV_{C,T} = EST_{C,T} - EST.L_{C,T-1} \qquad (2.29)$$

（四）价格和市场出清方程

居民消费者价格方程为：

$$PD_{C,T} = PX_{C,T} \times (1 + margD_C) \qquad (2.30)$$

进口价格方程为：

$$pwm_{C,T} \times (1 + mmargwm_c) > PD_{C,T} \qquad (2.31)$$

出口价格方程为：

$$PX_{C,T} > pwe_{C,T} \times (1 - margwe_C) \tag{2.32}$$

需求总量方程为：

$$QDT_{C,T} = QDF_{C,T} + QDL_{C,T} + QDS_{C,T} + QDP_{C,T} + QDO_{C,T} + QDW_{C,T} + STV_{C,T}$$

$$\tag{2.33}$$

市场出清方程为：

$$QX_{C,T} + QM_{C,T} - QE_{C,T} = QDT_{C,T} \tag{2.34}$$

第二节　粮食预测结果及分析

根据 CASM 模型，2021 年全国粮食总产量、播种面积、单位面积产量预测如下。

全国粮食总产量 67910 万吨，比 2020 年增加 961 万吨，增长 1.4%。其中谷物产量 61645 万吨，比 2020 年增加 934 万吨，增长 1.5%；稻谷产量 21275 万吨，比 2020 年增加 89 万吨，增长 0.4%；小麦产量 13464 万吨，比 2020 年增加 39 万吨，增长 0.3%；玉米产量 26906 万吨，比 2020 年增加 806 万吨，增长 3.1%。

全国粮食播种面积 117411 千公顷，比 2020 年增加 643 千公顷，增长 5.5%。其中谷物播种面积 95304 千公顷，比 2020 年增加 618 千公顷，增长 0.7%；稻谷播种面积 30114 千公顷，比 2020 年增加 38 千公顷，增长 0.1%；小麦播种面积 23281 千公顷，比 2020 年减少 990 千公顷，减少 0.4%；玉米播种面积 41909 千公顷，比 2020 年增加 679 千公顷，增长 1.7%。

全国粮食单位面积产量 5784 千克/公顷，比 2020 年增加 50.4 千克/公顷，增长 0.9%。其中谷物单位面积产量 6468 千克/公顷，比 2020 年增加 56 千克/公顷，增长 0.9%；稻谷单位面积产量 7065 千克/公顷，比 2020 年增加 20.7 千克/公顷，增长 0.3%；小麦单位面积产量 5783 千克/公顷，比 2020 年增加 41 千克/公顷，增长 0.7%；玉米单位面积产量 6420 千克/公顷，比 2020 年增加 89 千克/公顷，增长 1.4%（见表 2-1）。

表 2 – 1　　　　　2021 年全国粮食总产量、播种面积及单位面积产量预测

指标	总产量 （万吨）	播种面积 （千公顷）	单位面积产量 （千克/公顷）
一、全年粮食	67901	117411	5784
二、分品种			
1. 谷物	61645	95304	6468
其中：稻谷	21275	30114	7065
小麦	13464	23281	5783
玉米	26906	41909	6420
2. 豆类	2343	11750	1994

资料来源：根据笔者预测结果整理。

一、稻谷供需预测与分析

（一）稻谷产业发展形势

1. 生产形势

2020 年稻谷产量、播种面积同比增加，单位面积产量同比略减。2020 年全国大部分农区，气候条件较为适宜，病虫害发生较轻，有利于粮食作物生长发育和产量形成。国家统计局数据显示，2020 年我国稻谷播种面积为 3007.6 万公顷，同比增加 38.2 万公顷，增幅 1.3%；受南方局部洪涝灾害的影响，单位面积产量 7044 千克/公顷，同比减少 15 千克/公顷，减幅 0.2%；总产量 21186 万吨，同比增加 225 万吨，增幅 1.1%。面对新冠肺炎疫情、部分地区洪涝灾害及台风影响，为确保粮食生产稳定，国家加大对稻谷生产的扶持力度，积极减灾抗灾，落实各项支农惠农、种粮补贴、最低收购价等政策，全年双季稻播种面积比上年增加 756 万亩，增长 5.3%，也是保障稻谷增产的主要原因。

2. 消费形势

2020 年稻谷食用消费基本稳定，饲用工业消费同比增加。随着人民生活水平持续提高，近年来人均主食消费量保持下降趋势，考虑人口增加因素，稻谷食用消费量基本稳定；在国家加大稻谷去库存力度的背景

下，部分超期存储的稻谷进入饲料和工业消费领域，饲用、工业消费量同比增加。根据国家粮油信息中心预计，2020年国内稻谷总消费20382万吨，比上年度增加902万吨，增幅4.6%。其中稻谷食用消费15850万吨，比上年度增加50万吨，增幅0.32%；饲用消费1553万吨，比上年度增加1013万吨，增幅65.23%；工业消费2000万吨，与上年度持平。

3. 贸易形势

2020年稻米进口增加，出口下降。2020年1~11月我国累计进口稻米223万吨，同比增加6万吨，增幅2.8%；进口金额11.37亿美元，同比增加3.47%，增幅3810.2万美元。2020年1~11月我国累计出口稻米220万吨，同比减少33.5万吨，减幅13.2%；出口金额8.53亿美元，同比减少12.12%，减幅1.17亿美元，但出口量仍将处于21世纪以来较高水平。未来我国稻米净进口量可能继续扩大，我国稻米由净出口国再度转为净进口国，也相应增加了国内的稻米供应。

4. 供需平衡及价格形势

2020年国内稻谷市场仍保持供大于需格局。从供给来看，2020年我国稻谷生产依然取得丰收，产量连续10年稳定在2亿吨以上，继续稳居世界第一，稻谷累积库存仍处于历史较高水平，总量可供我国居民食用1年。从需求来看，稻谷主要作为口粮，随着城镇化推进和饮食结构调整，稻谷食用消费基本稳定，受去库存政策和比价优势影响，饲用和工业消费小幅增长。总体来看，国内稻谷市场整体供大于需，供需格局仍较为宽松，根据国家粮油信息中心预计，2020~2021年度全国稻谷结余量754万吨，比上年度减少735万吨。

2020年稻谷市场总体呈稳中略涨态势。受多重因素影响，2020年国内稻谷市场出现恢复性上涨，并在第四季度创出3年来新高。2020年12月，早籼稻、中晚籼稻和粳稻全国平均收购价分别为2628元/吨、2783元/吨和2784元/吨，较2020年初分别上涨207元/吨、263元/吨和184元/吨，呈现"籼强粳弱"和"南强北弱"特征，部分主产区中晚籼稻价格高于粳稻价格。2020年初新冠肺炎疫情暴发后，国际大米市场波动加大，带动国内稻米市场出现脉冲式上涨，随后在国家调控下平稳回落。受南方洪涝灾害影响，新季早稻上市后高开高走；新季中晚稻上市后，受东北地区台风和南方部分地区寒露风等因素影响，加之玉米、小麦市场整体持续走强，导致中晚稻市场出现较快上涨。

（二）稻谷产业发展新情况

1. 籼稻最低收购价小幅上调，持续优化供给结构

2020 年中共中央、国务院颁布的《关于抓好"三农"领域重点工作确保如期实现全面小康的意见》明确提出确保粮食安全始终是治国理政的头等大事。粮食生产要稳字当头，稳政策、稳面积、稳产量。进一步完善农业补贴政策，调整完善稻谷最低收购价政策，稳定农民基本收益。推进稻谷完全成本保险和收入保险试点。经过 2016～2019 年稻谷最低收购价政策连续调整后，2020 年稻谷最低收购价稳中略涨，维持粳稻最低收购价格每 50 千克 130 元不变，早籼稻、中晚籼稻最低收购价格分别为每 50 千克 121 元、127 元，均较 2019 年每 50 千克上涨 1 元。同时，国家自 2020 年起对最低收购价稻谷限定收购总量，稻谷收购政策大力提倡"优粮优价"。这表明粮食安全的重要性进一步得到强化，充分调动了农民和地方政府从事稻谷生产的积极性。"优粮优价"政策导向也有利于引导农户调优品种结构，使得优质稻市场机会加大，结构调整将继续深化，从更高层次上保障国家粮食安全。

2. 多措并举鼓励恢复主产区双季稻种植

受新冠肺炎疫情以及国内外环境复杂多变影响，保持粮食生产稳定意义重大。早稻既可作为食用口粮，也可作为工业、饲料用粮的特性使其重要性愈发凸显。当前双季稻尤其是早稻已多年产不足需，为鼓励双季稻种植，恢复双季稻播种面积，国家出台了一系列扶持政策：小幅提高早籼稻、中晚籼稻最低收购价，向市场直接发出信号，调动农户种植积极性；整合耕地轮作休耕试点、农业社会化服务、绿色优质高效行动等项目资金共 36.7 亿元，支持主产区恢复双季稻；地方财政同样加大对早稻生产支持，如江西拿出产粮大县奖励 25% 的资金支持早稻生产，湖南省级财政安排 2 亿多元用于集中育秧和机插秧。在国家及地方政策支持下，早稻生产恢复势头明显，2020 年全国早稻播种面积 4751 千公顷，比上年增加 300.7 千公顷，增长 6.8%。

3. 国际大米市场价格波动风险加大

受全球范围疫情影响，以及各国粮食生产及国际政治经济形势变化，集装箱短缺运费攀升，全球三大大米出口国面临价格上涨、出口下降的困境。截至 2020 年 12 月，越南破碎率 5% 大米报价涨至 500 美元/吨，上涨至 2011 年 12 月以来的最高水平；海关数据显示 2020 年 1~11 月期间越南大米出口量为 570 万吨，同比减少 2.9%。2020 年 12 月，泰国破碎率 5% 大米报价涨至 500~519 美元/吨，涨幅至近四个月来最高；截至 2020 年 11 月，泰国大米出口量为 510 万吨，较上年同期下降 28%，创下 2000 年以来最低水平。2020 年 12 月，印度破碎率 5% 大米报价涨至 380~385 美元/吨，卢比也飙升至近两个月来的最高水平。考虑到我国进口消费占比低和国内库存充足，国际市场米价波动对国内大米市场影响总体可控，难以引发国内米价大幅度波动。

（三）未来稻谷产业发展趋势预测

1. 生产形势

稻谷播种面积和总产量稳中有增。在牢牢把握粮食安全主动权的政策基调下，预计 2021 年稻谷生产总体保持稳定。为鼓励稻谷生产，国家再次小幅提高稻谷最低收购价的可能性增大，随着国家支持稻谷生产力度加大，以及稻谷价格上涨，预计 2021 年农户种植水稻积极性将会有所提升，双季稻扩种面积将继续增加。在不发生重大灾害的情况下，稻谷单产小幅增长概率较大，全年稻谷总产量或创历史新高。由于优质大米走势相对坚挺，预计优质稻面积及产量将继续小幅增加；早稻产量将小幅增加，结构调整将继续深化。根据 CASM 模型估计，2021 年稻谷种植面积增至 3011 万公顷，同比略增 0.1%；单产增至 7065 千克/公顷，同比增长 0.3%；总产量为 21275 万吨，同比增加 0.42%。

2. 消费形势

稻谷消费维持小幅增加。稻米食用消费总体较为稳定，随着我国全面进入小康社会、居民膳食营养结构不断优化，人均口粮消费量呈下降趋势，对优质稻米的食用需求将继续增加；与玉米、小麦相比，稻谷比价优势逐步凸显，替代效应将有所增强，进一步扩大在饲料用粮和工业用粮方面的需求。在低价大米和优质大米需求旺盛的情况下，预计中短期国内稻谷需求将维持小幅增加态势。根据 CASM 模型估计，2021 年稻谷国内总消费量 20700 万吨，同比增加 1.56%，其中，食用消费、工业消费、饲料消费分别比上年变动幅度为 −0.19%、3.25%、17.97%。

3. 贸易形势

稻谷进口可能小幅增加，呈净进口态势。短期内，中国稻米还将存在一定进口，一方面是粮食领域存在着结构性矛盾，高端优质稻米产品供给不足，加大了对优质稻谷进口的消费需求；另一方面主要受国内外价差影响，2020 年度我国稻米市场价格上涨幅度较大，大米进口吸引力增强，且人民币汇率持续走强，年度最高升值约 8%，大米进口动力将增强。根据 CASM 模型估计，2021 年中国稻谷净进口为 182 万吨。

（四）主要结论

对稻谷产业发展形势及新情况分析表明，在国家宏观政策以及市场综合影响下，2020 年我国稻谷生产稳定，播种面积及产量稳步提升，双季稻播种面积比上年增加 756 万亩，增长 5.3%，有力确保了稻谷增产。消费总量稳中有增，食用消费量基本稳定，受去库存政策和比价优势影响，饲用、工业消费小幅增长，其中饲用消费增幅达到 65.23%。稻米净进口有所扩大。国内稻谷市场稳中略涨，籼稻最低收购价小幅上调。整体来看，国内稻谷市场整体供大于需，供需格局仍较为宽松。

对未来稻谷产业发展趋势预测分析表明，在稳定和加强种粮农民补贴，坚持最低收购价政策，扩大完全成本和收入保险范围等支持政策引导和"藏粮于地、藏粮于技"战略推动下，我国稻谷生产将持续稳定增长，稻谷播种面积将维持在 3010 万公顷以上，单产增至 7065 千克/公顷，稻谷年产能稳定在 2 亿吨以上，结构调整将继续深化。稻谷消费数量小幅增长，消费结构将进一步优化，食用消费数量略减，工业、饲料消费小幅增长。受全球市场价格、汇率、贸易政策和品种调剂等影响，我国稻谷净进口可能保持一定数量。总体来看，稻谷供需格局宽松，口粮供给安全有绝对性保障。

二、小麦供需预测与分析

（一）小麦产业发展形势

1. 小麦播种面积稳中略减，总产和单产均不同程度增长

受华北地下水超采区实施季节性休耕限采及市场需求等因素影响，小麦播种面积比上年小幅下降。国家统计局数据显示，2020 年中国小麦播种面积为 2338 万公顷，比 2019 年减少 34.7 万公顷，下降 1.46%；小麦总产量为 13425 万吨，比 2019 年增加 66.00 万吨，增长 0.49%；小麦单产为 5742 千克/公顷，比 2019 年增加 111.71 千克/公顷，增长 1.98%。2020 年冬小麦产区播种以来光热充足，墒情适宜，加之优质高产小麦品种及配套技术在生产中应用面积不断扩大，病虫害提前防治、农业气象灾害总体偏轻，利于产量形成。因而小麦在播种面积小幅下降的情况下，总产和单产均实现了不同程度的增长。此外，随着农业供给侧结构性改革，我国小麦生产区域更加集中，品质结构也更加优化。2020 年我国 11 个小麦主产省播种面积和总产量占全国比重分别超过 90% 和 95%，小麦优质化率达到 35.8%，比上年提高了 2.8 个百分点。

2. 小麦消费总量小幅下降，饲用消费增幅明显

随着城镇化率的提高，国内居民消费结构发生明显变化。国内居民人均粮食消费量呈下降趋势。同时当前玉米价格明显上涨，部分地区玉米价格高于小麦价格，小麦进入饲用领域数量有所增加。根据 CASM 模型，2020～2021 年度国内小麦消费总量为 13127 万吨，同比减少 124 万吨，减幅 0.94%。其中，小麦食用消费为 9180 万吨，同比减少 76 万吨，减幅 0.82%。小麦饲用消费为 1863 万吨，同比增加 390 万吨，增幅 26.4%。工业消费方面，2020 年小麦工业消费需求下降，工业消费量为 950 万吨，

同比减少 579 万吨,减幅 37.87%。

3. 小麦进口大幅增长,进口来源呈多元化

2020 年农业生产受疫情影响,为解决好吃饭问题,中国加大了粮食进口量。据海关总署统计,2020 年 1~11 月小麦累计进口 749 万吨,同比增长了 150.6%。预计 2020 年全年中国小麦进口总量将超过 800 万吨。具体来看,2020 年中国小麦进口节奏明显快于往年,其原因一方面是为履行中美第一阶段贸易协议,中国进口美国小麦有所恢复。另一方面是中国对欧盟小麦的进口比例有所增加。分国别来看,2020 年 1~11 月,中国进口小麦主要来源于加拿大、法国、美国、澳大利亚和立陶宛,占小麦进口总量的 93.77%。其中,进口加拿大小麦 212.19 万吨、法国小麦 200.57 万吨、美国小麦 134.8 万吨、澳大利亚小麦 121.47 万吨、立陶宛小麦 33.33 万吨,同比分别增长 31%、554%、1183%、639%、151%。

(二)小麦产业发展新情况

1. 小麦最低收购价保持稳定

最低收购价作为小麦市场价格的底部支撑,对小麦市场价格有着关键指导意义。2018 年小麦最低收购价出现了我国小麦托市政策实施以来的首次价格下调,三等小麦每千克比 2017 年下调 6 分钱,降至 2.30 元/千克。2019 年小麦(三等)最低收购价 2.24 元/千克,是继 2018 年之后的再一次下调。2020 年小麦(三等)最低收购价为每 50 千克 112 元,即 2.24 元/千克,保持 2019 年水平不变。另外,《关于完善小麦最低收购价有关政策的通知》中指出,根据近几年小麦最低收购价收购数量,限定 2020 年最低收购价小麦收购总量为 3700 万吨,分批进行。其中,第一批数量为 3330 万吨,不分配到省;第二批数量为 370 万吨,视收购需要具体分配到省。

2. 农业保险高质量发展步伐明显加快

作为世界第二大农业保险市场,农业保险在推进我国现代农业发展、保障农民收益、维护农产品市场稳定及保障国家粮食安全方面发挥了巨大作用。2020 年,农业保险高质量发展步伐明显加快。在定价方面,中国精算师协会于 11 月首次发布了《稻谷、小麦、玉米成本保险行业基准纯风险损失率表（2020 版）》，更加客观真实地反映出农业生产风险状况，完善了农业保险定价机制，为保险机构产品开发和精算定价提供了技术支持和行业标准。在服务方面，中国保险行业协会于 12 月首次发布了三大粮食作物成本保险行业示范条款，按照内容更加通俗化、标准化的原则，对保险期间、保险标的、保险责任、责任免除、权利与义务、理赔处理等内容进行了明确，确保种植户获得统一标准的保险服务。二者的发布为农业保险的高质量发展打下坚实基础。

3. 新冠肺炎疫情对中国小麦产业影响总体可控

2020 年新冠肺炎疫情对国内小麦生产影响总体可控。此外，中国粮食生产连年丰收且储备充足，小麦等主粮作物对国际市场依赖程度很低，新冠肺炎疫情带来的农产品贸易限制，对中国小麦产业的影响较小。2020 年由于气象条件总体有利，中国冬小麦生长整体较好。同时，春小麦主要种植省份（黑龙江、内蒙古、甘肃、新疆等）不是 2020 年初新冠肺炎疫情发生的重点区域，且各地疫情防控措施以及春耕备耕措施较好，新型肺炎疫情对中国小麦生产影响总体可控。后期随着新冠肺炎疫情在全球快速蔓延，一些国家开始限制或者禁止粮食出口，加大全球农产品阶段性波动。但总体来看，中国小麦产量丰、库存足，对国际市场依赖程度低，即使在前一阶段国内疫情比较严重的时候，市场上的面粉及其制品基本货足价稳。因此，新冠肺炎疫情对中国小麦产业影响总体可控。

（三）未来小麦产业发展趋势预测

1. 麦产量基本保持稳定

2021 年是中国共产党成立 100 周年，也是"十四五"开局之年，夺取粮食丰收具有特殊重要意义。各级政府将坚决贯彻党中央、国务院的决策部署，把抓好粮食生产作为重大的政治任务摆在首要位置，将有限的耕地资源优先用于粮食生产，着力稳政策、稳面积、稳产量，牢牢守住国家粮食安全的生命线。因此，小麦生产将基本保持稳定。此外，新冠肺炎疫情对中国小麦生产的影响属于阶段性、暂时性和区域性，在国家储备充足、调控有力政策加持下，小麦供给所受影响不大。根据CASM 模型估计，小麦播种面积略减至 2328 公顷，同比减少 0.43%；单产提高到 5783 千克/公顷，同比增长 0.71%；总产量为 13464 万吨，同比增长 0.29%。

2. 小麦消费小幅增长

小麦食用消费总体较为稳定，近几年随着国内居民消费结构和健康意识的增强，人均口粮消费呈下降趋势。2021 年随着非洲猪瘟影响的消退，生猪生产将逐步恢复，小麦饲用消费呈恢复性增长。新冠肺炎疫情存在阶段性、暂时性、区域性影响，小麦消费需求所受冲击总体不大。根据 CASM 模型估计，2021 年小麦消费总量为 13404 万吨，比上年增长2.11%。其中，食用消费比上年下降 1.12%，饲料消费比上年增长 19.11%，工业消费比上年增长 2.63%。

3. 小麦净进口明显减少

中国小麦市场自给率高，小麦进口主要是为调节需求结构，可保证"绝对安全"。新冠肺炎疫情在全球的蔓延对国内小麦市场影响不大，中国完全有能力应对国际市场波动。受国际市场价格、贸易政策、供给侧结构性改革以及疫情有效防控等影响，2021 年中国小麦净进口将明显减少。根据 CASM 模型，预计 2021 年净进口量为 276 万吨，比上年减少 66.3%。

（四）主要结论

2020 年小麦播种面积稳中略减，总产和单产均不同程度增长。国家统计局数据显示，2020 年中国小麦播种面积为 2338 万公顷，同比下降 1.46%；总产量为 13425 万吨，同比增长 0.49%；小麦单产为 5742千克/公顷，同比增长 1.98%。小麦消费总量稳中略减，饲用消费增幅明显。根据 CASM 模型，2020~2021 年度国内小麦消费总量为 13127 万吨，同比减少 0.94%。其中，小麦食用消费同比减少 0.82%。饲用消费同比增加 26.4%。工业消费同比减少 37.87%。小麦进口大幅增长，进口来源呈多元化。据海关总署统计，2020 年 1~11 月小麦累计进口 749 万吨，同比增长了 150.6%。对未来中国小麦产业发展趋势的预测分析显示，

2021 年中国小麦产量基本保持稳定、消费总量将小幅增长，净进口明显减少。根据 CASM 模型估计，2021 年中国小麦总产量为 13464 万吨，比上年增长 0.29%；小麦消费总量为 13404 万吨，比上年增长 2.11%；净进口量为 276 万吨，比上年减少 66.3%。

三、玉米供需预测与分析

（一）玉米产业发展形势

1. 玉米播种面积、单产及总产量基本维持稳定

2020 年国家巩固"镰刀弯"地区[①]种植结构调整成果，提升优势产区玉米产能，确保全国玉米面积基本稳定。根据 CASM 模型，2020 年全国玉米播种面积为 4123 万公顷，比上年减少 5 万公顷，减幅 0.13%。2020 年，全国大部分农区气候条件较为适宜，病虫害发生较轻，有利于粮食作物生长发育和产量形成。尽管部分地区洪涝灾害和台风对生产造成一定影响，但各地加强田间管理，积极抗灾减灾，农业灾情对粮食生产影响有限。2020 年玉米单产为 6330 千克/公顷，比上年提升 0.016，增幅 0.26%；全国玉米产量 26100 万吨，比上年减少 10 万吨，减幅 0.13%。

2. 随着非洲猪瘟疫情缓解，玉米消费快速上升

饲用消费方面，因非洲猪瘟疫情得以缓解，生猪价格大幅上涨以及国家出台多项举措刺激生猪生产，生猪存栏量恢复性增长，玉米饲用消费明显回升。根据 CASM 模型，2020 年玉米饲料消费 17956 万吨，比上年增加 3040 万吨，涨幅 20.38%。工业消费方面，受玉米价格上涨及乙醇燃料需求下降的影响，淀粉等加工企业效益进入亏损，对其开机率产生影响，淀粉等玉米加工企业开工率降低，玉米工业消费需求下降。2020 年玉米工业消费 8100 万吨，较上年减少 391 万吨，减幅 4.60%。

---

① 根据《农业部于"镰刀弯"地区玉米结构调整的指导意见》，"镰刀弯"地区包括东北冷凉区、北方农牧交错区、西北风沙干旱区、太行山沿线区及西南石漠化区，在地形版图中呈现由东北向华北—西南—西北"镰刀弯"状分布，是玉米结构调整的重点地区。

3. 受疫情影响国内玉米价格不断攀升，国内外价差逐步扩大

2020 年以来国内玉米主要产销区价格呈现明显上涨，相较 2020 年 1 月，2020 年 12 月我国各地区玉米价格平均上升 705 元/吨。据国家粮油信息中心数据，2020 年 12 月东北地区玉米均价为 2483 元/吨，华北地区均价为 2537 元/吨，南方地区均价为 2720 元/吨，港口地区均价为 2615 元/吨（见图 2-3）。与此同时，国外玉米价格受疫情影响不断下降，国内外差价逐步扩大，据国家粮油信息中心，美国新季 2 号黄玉米成本 2070 元/吨，较广东港口新玉米（二等）价格低 700 元/吨。

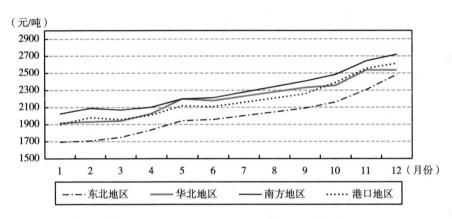

图 2-3　2020 年 1~12 月各地区玉米价格变化情况

4. 国内玉米产需缺口不断扩大，进口增长态势明显

在国内玉米消费不断提升而玉米生产维持稳定的背景下，产需缺口不断扩大，根据 CASM 模型，2020 年我国玉米市场产销缺口为 2022 万吨，几乎是 2018 年我国玉米产销缺口的两倍，进口增长态势明显，根据海关数据显示，2020 年 1~11 月累计进口 904 万吨，上年同期 406 万吨，同比增加 123%，进口来源国主要为乌克兰、美国、保加利亚及俄罗斯。

（二）玉米产业发展新情况

1. 新冠肺炎疫情背景下国内玉米市场量少价高

新冠肺炎疫情背景下，我国国内玉米市场存在量少加高的现象，主要原因有三点，首先在新冠肺炎疫情全面暴发早期，2~3 月本应该是东北地区卖粮高峰期，但随着疫情暴发交通阻断，运输成本大幅提高，超过六成的玉米还在农民手中待售，玉米销售呈现中断状态；其次由于我国玉米产业布局弊端，南方玉米加工业原料告急，但北方主产区玉米却难以运往南方，主产区和主销区流通不畅，贸易商坐地涨价现象普遍，为缓解南方饲料厂原料紧张局面，有关方面采取了一些措施，但因玉米总体数量不大，对市场价格的平抑作用不明显；再者由于我国近些年实施玉米种植结构调整及玉米临时收储政策改革，玉米缺口不断扩大，也加剧了疫情期间我国玉米价格的攀升。

2. 全球疫情加剧致使国内外玉米价差不断扩大

自 2016 年玉米收储制度改革以来，国内玉米产需缺口逐年扩大，2020 年新冠肺炎疫情的发生加剧了玉米"北粮南运"跨区流通不畅，供需偏紧预期使得国内市场价格涨幅明显，而国外玉米价格却不断下降，内外价差持续扩大。从 2020 年 1 月以来，CBOT 玉米市场期货价格明显下降，造成国际市场玉米价格下降的原因主要有三个方面：首先，国际玉米市场供应充足，而需求骤减，未来一年供应充足局面很可能继续保持。以美国为例，受新冠肺炎疫情影响，美国全国实施居家令，无疑会减少汽车燃料需求，因而乙醇产量持续下滑，据统计美国日均产量不断跌破历史纪录，美国玉米期末库存创下历史最高水平。其次，国际原油价格大幅下跌，造成乙醇需求减弱，美国玉米乙醇库存激增，加上新冠肺炎疫情造成运输受阻，共同对国际玉米价格形成压制。最后，出口竞争激烈、销售不畅，巴西竞争激烈，因此造成美国 2019～2020 年度玉米出口大幅下降，也加剧玉米市场价格下跌压力。

3. 非洲猪瘟缓解致使国内玉米消费激增

2019 年非洲猪瘟对我国玉米产业影响巨大，生猪主产区存栏的下降幅度超过 50%，玉米的饲料需求主要是猪料和禽料占主要的成分，猪料占 60%，生猪存栏量的直线下降直接导致玉米饲用消费减少了 4000 万吨。随着政府采取了一系列措施，2020 年非洲猪瘟的影响逐渐缓解，生猪价格持续高起引发需求端消费扩大，加大了产需缺口，虽然国内生猪养殖仍存在局部地区零星散发疫情，但生猪养殖利润高企，恢复态势显著，从而国内玉米的饲料需求大幅上涨。

4. 东北地区台风对玉米生产影响并不大

2020 年 8 ~ 9 月，多个台风相继"造访"东北地区，但此时玉米基本处于蜡熟期，玉米产量已经形成了，即使大面积的倒伏，对产量影响并没有预想的惨烈，相比 2019 年仍是有所增长。东北地区玉米倒伏最多占比 20%，其中倒伏又分为三种情况，分别是侧斜、趴地和折断。侧斜基本不影响产量，用原有收割机械即可收获；趴地对产量影响在 10% 左右；折断对产量的影响在 15% ~ 20%。综合来看，东北地区玉米减产数量并不大，对全国玉米产量影响微弱。

（三）未来玉米产业发展趋势预测

1. 玉米播种面积、单产及总产量将稳步增加

由于国内玉米产需缺口不断扩大以及 2020 年玉米价格涨幅明显，受国家扩大玉米种植面积政策及作物比较收益影响，2021 ~ 2022 年玉米种植面积有所增加。根据 CASM 模型预测，2021 年和 2022 年玉米种植面积分别达到 4191 万公顷和 4215 万公顷。由于技术进步，玉米单产稳步增加，玉米总产量将呈现增加趋势。根据 CASM 模型预测，2021 年玉米单产达到 6420 千克/公顷，总产量达到 26906 万吨，较 2020 年上涨806 万吨。

2. 玉米消费明显增加，主要增长来源于饲料消费

随着未来新冠肺炎疫情及非洲猪瘟影响的缓解，畜禽养殖业逐步恢复，玉米消费需求将恢复正常，玉米工业需求的产能扩张态势不变，未来玉米工业需求量将继续增长。根据 CASM 模型估计，2021 年玉米消费总量为 29145 万吨，较上年增加 7.63%；其中，饲料消费 19935 万吨，工业消费 8229 万吨，饲料消费上升 11.02%，工业消费增长 1.59%。

3. 未来国内玉米产需缺口持续扩大，进口增长态势明显

玉米净进口呈现大幅增加。一方面，随着玉米需求量不断增加和国内库存释放殆尽，需求的增速快于产量的增加，产需缺口进一步扩大，进口将成为常态。另一方面，随着中美贸易关系缓和，从美国进口的玉米将增加。根据 CASM 模型估计，2021 年玉米净进口量突破 1000 万吨达到 2239 万吨，2022 年为 1742 万吨。

（四）主要结论

总体看来，在新冠肺炎疫情背景下，2020 年我国玉米生产维持稳定，玉米消费逐渐从 2019 年非洲猪瘟的影响中恢复，但我国玉米价格呈持续上涨趋势，国内外价差不断扩大，我国玉米生产量将随着种植面积及单产的提升而提高，玉米消费也会呈现稳步提升，进口保持增长态势。

（执笔：张玉梅）

第三章

粮食生产安全指标体系

第一节 引 言

确保粮食安全，把中国人的饭碗牢牢端在自己手中，是治国理政的头等大事。粮食生产是保障粮食安全的基础，近20年我国粮食生产取得长足进步，产量从2000年的4.621亿吨上涨至2019年的6.638亿吨，2015年至2019年粮食产量连续超过6.500亿吨①，基本实现了口粮绝对安全、谷物基本自给的目标。

与此同时，大量因素在不同层面对农业生产形成冲击。要素供给层面，耕地总量有限，快速推进的空间城镇化进程催生了大量用地需求，粮食生产面临越来越紧的土地约束。农村劳动力大量流出，农业劳动力投入不断下滑，原有依赖劳动力投入的深耕细作模式难以为继，农业生产经营模式亟待转换。自然条件层面，伴随全球气候变化，我国极端天气情况频发，2018年台风"温比亚"从山东登陆，山东寿光蔬菜种植区受到严重影响，大量蔬菜大棚被淹、被毁，2020年9月台风"海神"在我国东北地区登陆，引发了严重的玉米倒伏问题，自然灾害尤其是极端

---

① 历年《中国统计年鉴》与历年粮食产量公告。

天气情况带来的风险不可忽视。农产品国际贸易层面，个别粮食作物对国际市场依赖十分严重，尤其是大豆作物。2019 年我国进口大豆 8851 万吨①，进口量居世界第一位，自给水平较低。进口农产品的本质是进口国外的耕地和灌溉水等资源从而满足国内的粮食需求，大豆作物较谷物作物而言亩产偏低，按照国内大豆亩产②估算，2019 年国内生产全部进口大豆需要的耕地面积超过 6.5 亿亩，这对国内粮食自给能力造成很大压力。粮食供需结构适配层面，随着居民收入水平提高，口粮消费占比下降，与肉类、食用油消费直接关联的饲料粮、大豆需求不断增加，实现现有粮食生产结构与需求结构对接，避免"洋货入仓、国货入库""三量齐增、三本齐升"等现象再次发生，是未来一段时间维护我国粮食生产安全的一项重要任务。

本章旨在构建一个兼包含要素投入、粮食生产、粮食供需结构等内容的粮食生产安全指标体系。以上提到的各种冲击和影响因素是后续指标体系的重要组成部分，将在指标体系构成部分详细论述。

第二节 文献综述

需要说明的是，本书希望建立一个粮食生产安全指标体系，着重强调"生产"在粮食安全体系中的重要作用，并非一个传统意义上的粮食安全指标体系。下面根据国内外相关研究情况，分类综述粮食安全指标体系构建与指数测算的相关文献，以期为后续粮食安全指数测算提供一定参考。

从国际研究来看，刘和白（Liu & Bai，2008）提出了以粮食数量安全、粮食质量安全和粮食安全可持续性三个评价标准，构建了粮食安全综合评价指标体系（Liu & Bai，2008）；针对发展中国家，惠（Hui，2013）构建

---

① 《中华人民共和国 2019 年国民经济和社会发展统计公报》。
② 这里使用 2018 年统计数据估算中国大豆平均亩产。

了基于粮食生产、消费和储存、食品贸易和自给率、粮食安全的成本和收益等方面的粮食安全评价指标体系，并建立了粮食总量指数、粮食安全单项指数、粮食安全波动指数、粮食质量指数和粮食自给相关指数 5 项具体指数（Hui，2013）。阿博哈萨尼等（Abolhassani et al.，2015）根据对伊朗43 名高级别专家的调研，在 243 项粮食安全指标中选取了包括"每日能量需求低于 70% 的个人比例""食品支出占家庭总支出的比例""人均膳食能量供应"等 38 项指标作为评价伊朗粮食安全的核心优先指标；哈伯德等（Hubbard et al.，2013，2014）从供应国的数量、供应国的政治经济情况和进口依赖程度三个方面构建粮食外部供应安全指数，分析粮食外部供应风险。

近年来，国外学者对粮食安全指标的构建进行了一系列扩展性的研究，随着大数据与人工智能的兴起，侯等（How et al.，2012）通过基于人工智能的概率方法对全球粮食安全指数进行统一分析，揭示了食物可获得性、食物可用性、食物质量安全和自然环境弹性之间的相互作用关系；刘等（Liu et al.，2019）以农业粮食生产比较优势指数（ACI）为基础，采用线性规划优化方法，建立了国家粮食生产布局优化模型；伊兹雷洛夫和西尔伯（Izraelov & Silber，2019）运用 H‑DEA 方法构建多维粮食安全评价指标，并将权重内化，构建出具有特定权重的最佳实践前沿面，避免了国际比较中主观赋权的问题。

在粮食安全的可持续性方面，比兰等（Bilan et al.，2018）制定了基于 19 项指标的粮食安全指数，以评估环境因素对粮食安全状况的影响关系；山姆等（Sam et al.，2019）将粮食安全与气候变化的脆弱性相联系，构建粮食安全综合指数，强调了干旱化的气候环境对粮食安全的不利影响；加利亚纳‑皮萨纳等（Galeana‑Pizana et al.，2018）在对粮食安全和土地利用变化之间的显著相关性进行计算的基础上，构建了过去 40 年墨西哥每个生态区域的粮食环境效率（FEE）指数，结果表明，粮食安全状况的恶化与当地畜牧业的扩张呈正向关系；文豪斯等（Venghaus et al.，2019）在可持续发展目标（SDGs）框架下构建了"粮食—能源—水资源"联结指标体系，以优化不同资源之间的可持续利用关系；库玛等（Kumar et al.，2020）通过分析水分充足指数、水陆协调指数与水陆耦合指数分析 172 个国家的粮食安全与水资源管理之间的协同作用关系；
莫拉达巴迪等（Moradabadi et al.，2020）通过构建综合粮食安全指数分
析粮食生产可持续性对粮食安全有效性的作用关系。

国内学者对粮食安全指标体系的研究相对较晚，吕新业等（2005）
最早从粮食生产波动状况、粮食价格波动状况、粮食储备状况和国际贸
易依存状况四个方面建立我国粮食安全综合指数；刘景辉等（2004）将
众多的粮食安全评价指标归纳为数量安全、质量安全、空间安全、时间
安全和市场安全五类；毛学峰等（2015）从粮食结构、粮食流通与贸易
环节等方面评估国内粮食安全状况，认为未来粮食不安全更多表现为粮
食流通与贸易问题；姚成胜等（2015）运用食物系统的观点，结合中国
实际，从粮食生产资源、粮食可供量与稳定性、粮食获取能力和粮食利
用水平等四个层面出发，构建了中国粮食安全评价指标体系；黎东升、
曾靖（2015）认为，在我国经济进入新常态时期，粮食安全作为国民经
济发展"基础的基础"，具有"四位一体"的特征，即产品安全、资源安
全、生态安全和贸易安全，同时也面临农业资源偏紧和生态环境恶化等
方面的挑战；崔明明、聂常虹（2019）从新时代粮食安全观的新内涵和
新目标出发，构建包含数量安全、质量安全、生态环境安全、经济安全
和资源安全五个维度的粮食安全评价体系。

在应用研究上，肖斌（2013）从粮食供给能力、粮食获取能力、农业
领域的投入能力等方面构建了影响中亚国家粮食安全的决定性指数；张平
平、鲁成树（2011）从确保生产足够的粮食、保证粮食质量健康、最大限
度地稳定粮食供应、确保所需粮食的人都能获得粮食四个方面构建粮食安
全指数，分析近 20 年安徽省沿江地区粮食安全水平；刘斌涛等（2011）使
用耕地安全指数、灌溉保证率、营养物质生产指数、耕地集约度和生态脆
弱度等五个指标构建了以粮食安全指数为基础的山区土地资源安全评价模
型；方修琦等（2014）把历史时期的粮食安全分解为粮食生产安全、粮食
供给安全、粮食消费安全三个层次，以气候变化直接影响粮食生产水平为
起点，分析气候变化—农（牧）业收成—食物的人均供给量—饥民—社会
稳定性的驱动响应链中的关键过程，指出耕地、人口、政策、外来势力都

会对气候变化的影响起着放大或抑制的作用；张元红等（2015）基于国际公认的粮食安全概念，构建了包括供给、分配、消费、利用效率、保障结果、稳定性、可持续性和调控力八个方面的指标体系，认为中国粮食安全当前处于较高水平且近年不断提升；李鹏山（2017）采用综合指数法和TOPSIS模型计算了粮食生态安全指数和生态健康指数；马恩朴等（2020）在建立粮食安全评价因子数据集和粮食安全影响因素数据集的基础上，运用多指标综合评价法评估了172个国家的粮食安全水平。

综上所述，粮食安全指标体系在发展呈现出"大而全"的发展趋势，在考虑粮食安全系统的基础上加入了生态安全系统、能源供给系统、营养健康系统、社会稳定系统等模块，极大丰富了粮食安全这一概念的内涵。既有文献对后续指标体系构建具有重要参考价值，但是也应当看到，在不断扩充粮食安全概念的同时，很少有研究从生产角度构建粮食安全指标体系，这可能是本章的主要创新之处。

第三节　粮食生产安全指标体系构建

一、指标体系结构说明

粮食安全的概念最早源于1974年联合国粮农组织（FAO）所界定的："保证任何人在任何时候都能得到为了生存和健康所需要的足够食物。"2012年将粮食安全界定为："所有人在任何时候都拥有获得充足、安全和富有营养的粮食来满足其积极和健康生活的膳食需要及食物喜好所需的物质和经济条件。"最新的粮食安全概念同时强调了与产出和贸易相关的供给、与购买能力相关分配以及营养结构和稳定性等因素。

本书中使用的粮食概念与现行国家统计使用的相一致，包含谷物、豆类、薯类，其中谷物包含稻谷、小麦、玉米，指标统计年限为2000～2019年。与广义粮食安全概念不同，本章主要关注粮食生产安全问题，居民营养健康状况、家庭收入与消费能力、政治环境稳定性等因素并未纳入指标体系。粮食生产安全是一个国家或地区粮食安全保障体系中最核心的内容，粮食生产安全主要指粮食供给数量增加与供给质量提升，沿产品供应链前后向延伸，粮食生产安全的内涵可以外延至粮食生产条件改善、生产要素供给能力提升、粮食综合生产能力与供需的协调关系。

根据以上定义，粮食安全指数评价指标体系包含数量安全维度、结构安全维度、自然灾害维度、要素投入维度四个主要方面。其中数量安全维度主要包含产量水平和粮食自给情况两个要素，主要表征粮食供给能力，反映粮食绝对数量是否足够。结构安全维度包含质量结构和供给结构两个方面，用以刻画粮食供给质量水平以及粮食国际贸易与需求结构变动。自然灾害维度包含受灾程度与灾害治理两个方面，用以测度自然灾害对农业生产的破坏程度与我国对各类自然灾害的应对能力。要素投入维度包含水资源开发与利用、土地投入、劳动力投入、资本投入等项目，主要考虑了各类生产要素约束对粮食生产安全的影响。综上，粮食生产安全指标体系包含一级指标 4 个、二级指标 10 个、三级指标 24 个，具体指标体系设置如表 3 - 1 所示。

表 3 - 1　　　　　　　　粮食生产安全指数评价指标体系

一级指标	二级指标	序号	三级指标
数量安全维度	产量水平	(1)	单位面积粮食产量
		(2)	人均粮食占有量
	粮食自给状况	(3)	粮食自给率
		(4)	口粮自给率
		(5)	粮食储备水平
结构安全维度	质量结构	(6)	食品抽检合格率
		(7)	口粮进口调剂度
		(8)	粮食损耗比率
		(9)	深加工粮食占比
	供给结构	(10)	口粮占比
		(11)	粮食进口占比
		(12)	饲料粮占总体粮食产量比重
		(13)	粮食进口市场集中度

续表

一级指标	二级指标	序号	三级指标
自然灾害维度	受灾程度	(14)	水灾成灾面积
		(15)	旱灾成灾面积
	灾害治理	(16)	水灾救治率
		(17)	旱灾救治率
		(18)	水土流失治理面积
要素投入维度	水资源开发利用	(19)	有效灌溉面积
		(20)	水库库容
	土地投入	(21)	粮食播种面积在总播种面积中的占比
	劳动力投入	(22)	第一产业劳动力占比
	资本投入	(23)	农用机械动力总台时
		(24)	化肥使用量

二、具体指标解释

下面按照表 3-1 中的顺序，逐个介绍其中的三级指标的内涵和数据来源。个别通过公开数据计算合成的指标，将给出具体的计算方法或公式。

（一）数量安全维度

1. 产量水平

指标（1）：单位面积粮食产量。单位面积粮食产量表示某一年的粮食单产水平，使用该年粮食产量除以粮食播种面积而得到。

指标（2）：人均粮食占有量。人居粮食占有量表示人均层面的粮食可获性，使用某年粮食供给量除以人口总数得到。粮食供给量是区别于粮食产量的概念，本章的粮食供给量使用粮食产量、粮食净进口、粮食库存减量之和表示。其中粮食产量、人口数量、粮食进出口量来自历年《中国统计年鉴》，粮食库存变动指标来自中国粮油信息网。

2. 粮食自给情况

指标（3）：粮食自给率。粮食自给率表示本国满足自身粮食需求的能力。此处粮食自给率使用粮食产量除以粮食需求量得出，具体公式为：粮食自给率＝粮食产量/（粮食产量＋粮食净进口＋粮食库存减量），其中分母表示粮食需求量，在局部均衡条件下，粮食供给等于粮食需求，因而此处粮食需求量与指标 2 中的粮食供给量计算方法和数据来源相同。

指标（4）：口粮自给率。口粮自给率与粮食自给率类似，测度本国口粮自给能力。指标体系中的口粮包含稻谷和小麦两种作物，口粮自给率计算方法与粮食自给率类似、数据来源相同，此处不再赘述。

指标（5）：粮食储备水平。粮食储备水平为某年粮食库存变动量，具体为期末库存与期初库存差额，该指标数据来源为中国粮油信息网。

（二）结构安全维度

1. 质量结构

指标（6）：食品抽检合格率。由于粮食抽检合格率数据缺失严重，所以使用食品抽检合格率代替。食品抽检合格率指标中，2000～2014 年数据摘自雷平（2016），2015～2019 年数据整理自国家食药监总局、国家市场监督管理总局新闻发布会。

指标（7）：口粮进口调剂度。这一指标使用口粮净进口除以口粮供给量得到，主要刻画我国口粮的对外依赖程度。口粮供给量计算参考指标（3）中的方法，数据来源与指标（4）完全相同。

指标（8）：粮食损耗比率。损耗是粮食生产、运输、仓储过程中的不必要的损失与浪费。粮食损耗比率通过粮食损耗量除以粮食产量得到，其中粮食损耗量数据来自中国粮油信息网。

指标（9）：深加工粮食占比。粮食深加工比率变动反映了居民需求结构变化，使用粮食深加工需求量除以粮食产量得到，粮食深加工需求量数据来源于中国粮油信息网。

2. 供给结构

指标（10）：口粮占比。该指标使用口粮产量除以粮食产量，表征供给结构变化对粮食安全的影响。

指标（11）：粮食进口占比。大体反映了我国使用国际市场解决国内居民粮食需求的比率，使用粮食进口量除以粮食产量得到。

指标（12）：饲料粮占总体粮食比重。随着居民生活水平提高，肉、禽蛋、奶等产品的绝对消费量和其在食品消费中的占比均有显著提升，作为畜牧业生产资料的饲料粮的需求也不断增加。这一指标描述了居民食物需求结构调整对粮食供给结构和粮食生产的影响。

指标（13）：粮食进口市场集中度。我国粮食进口贸易伙伴众多，但是就贸易量而言，排位靠前的几个国家往往占有很大比重。本章的粮食贸易集中度指标指的是粮食贸易进口量排名前三的国家的进口贸易量之和在总体粮食进口贸易量中的占比，贸易集中度越高表明对某些进口贸易伙伴的依赖性越高，贸易风险也随之增加。

粮食进口贸易数据来源于 UN Comtrade 贸易数据库，该数据库并未统计与中国粮食统计口径相一致的粮食进口信息，此处使用稻谷、小麦、玉米、土豆、大豆五类产品进口贸易集中度的加权平均作为粮食进口市场集中度，权重为作物当年产量在五种作物产量之和中的占比。

（三）自然灾害维度

1. 受灾程度

按照自然灾害造成损失的烈度，可以将农作物受灾面积分为受灾面积、成灾面积、绝收面积三种类型。受灾面积表示农作物减产一成以上的农作物播种面积，成灾面积表示减产三成以上的农作物播种面积，绝收面积表示减产八成以上的农作物播种面积。

指标（14）：水灾成灾面积。表示水灾造成较为严重减产的播种面积，数据来源于历年《中国农村统计年鉴》。

指标（15）：旱灾成灾面积。表示旱灾造成较为严重减产的播种面积，数据来源于历年《中国农村统计年鉴》。

2. 灾害治理

指标（16）：水灾救治率。农作物受灾面积与灾害发生的烈度直接相关，人为的救灾行为也可以在很大程度上降低自然灾害的冲击。水灾救治率表示受轻度水灾损害的粮食作物播种面积占比，此指标数据主要来源于历年《中国农村统计年鉴》，使用以下公式得到：

水灾救治率 =（水灾受灾面积 – 水灾成灾面积）/水灾受灾面积

指标（17）：旱灾救治率。同上，旱灾救治率的数据主要来源于《中国农村统计年鉴》，计算公式为：

旱灾救治率 =（旱灾受灾面积 – 旱灾成灾面积）/旱灾受灾面积

指标（18）：水土流失治理面积。水土流失是我国另一项比较严重的自然灾害，其对农业生产能力的负面影响不容忽视，本指标数据主要来源于历年《中国农村统计年鉴》。

（四）要素投入维度

1. 水资源开发与利用

指标（19）：有效灌溉面积。有效灌溉面积不仅反映了农业用水条件的改善，也一定程度描述了相关灌溉基础设施的假设情况。本指标数据来源为国泰安数据库，第四维度指标数据来源均为此数据库。

指标（20）：水库库容。水库可以通过调节水流起到灌溉、防洪等作用，水库库容增加可以增强一国农业抵御水旱灾的能力。

2. 土地投入

指标（21）：粮食播种面积在总播种面积中的占比。使用某年粮食播种面积除以农作物播种面积得到，反映粮食在农业生产中的相对重要性。

3. 劳动力投入

指标（22）：第一产业劳动力占比。直接用于粮生产的劳动力难以获得精确统计，此处使用第一产业劳动力代替。因为劳动力绝对数量受人口影响，并不能直观反映大量农产劳动力转移的事实，所以使用第一产业劳动力占劳动力比重指标。

4. 资本投入

指标（23）：农用机械动力总台时。大量农村劳动力转移使得机械替代劳动力成为可能，而农机使用量增加也降低了农业必要劳动时间，为劳动力进一步转移提供了坚实基础，有效降低了劳动力约束。

指标（24）：化肥使用量。化肥推广普及为我国粮食增产作出重大贡献，但是也造成了土壤板结、水资源系统面源污染等问题。本指标中化肥使用量是氮、磷、钾以及复合肥料使用量的加总。

第四节　粮食生产安全指数测算

一、安全指数测算方法

本章使用熵值法计算粮食生产安全指数。熵值是对不确定性的一种度量。信息量增加可以降低不确定性从而降低熵值，反之则会提高熵值。测算粮食生产安全指数的本质在于给不同指标赋予不同的权重，再根据各自权重将指标体系合成为安全指数。熵值法恰恰可以通过系统与指标信息熵的测算为各个指标确定一个相对客观的权重，避免了为不同指标主观赋权带来的误差，因而熵值法也是构建指标评价体系的一种常用方法。下面给出粮食生产安全指数的具体测算过程。

1. 无量纲化处理

与回归分析不同的是，熵值法在进行权重测算之前会通过一系列操作来消除指标之间量纲差异。常用的无量纲化方法有标准化处理法、极值处理法、向量规范法等。极值处理法具有单调性、差异不变性、平移无关性等优点，据此后续指标体系构建将采用这种方法。

首先将指标分成两类，即正向指标和负向指标，正向指标指的是数值增加会提升粮食生产安全指数的指标，而负向指标则相反。上文构建的指标体系中负向指标为：指标（7）口粮进口调剂度、指标（8）粮食损耗比率、指标（11）粮食进口占比、指标（13）粮食进口市场集中度、指标（14）水灾成灾面积、指标（15）旱灾成灾面积、其余指标均为正向指标。

其次，如果指标为正向指标则：

$$y_{ij}^* = \frac{y_{ij} - \min(y_j)}{\max(y_j) - \min(y_j)} \tag{3.1}$$

如果指标为负向指标：

$$y_{ij}^* = \frac{\max(y_j) - y_{ij}}{\max(y_j) - \min(y_j)} \tag{3.2}$$

通过以上方式将指标进行标准化处理之后，指标值均转化为介于 0 和 1 之间的数，指标之间的数量级差距被极大缩小。此外，式（3.1）、式（3.2）中变量下标 i 表示年份，j 表示不同指标，后续表述中 i、j 与此含义相一致。

2. 计算某一年份指标在该指标所有年份中的权重

$$p_{ij} = \frac{y_{ij}^*}{\sum_i y_{ij}^*} \tag{3.3}$$

3. 计算信息熵冗余度

首先计算不同指标的信息熵值：

$$s_j = -1/\ln(n) \sum_{i=1}^{n} p_{ij} \times \ln(p_{ij}) \tag{3.4}$$

式（3.4）中 n 表示年份总量，下同。

其次计算信息熵冗余度：

$$r_j = 1 - s_j \tag{3.5}$$

4. 指标权重确定

$$w_j = \frac{r_j}{\sum_j r_j} \tag{3.6}$$

5. 最终生成粮食生产安全指数以及子维度得分

$$index_i = \sum_{j=1}^{m} y_{ij} \times w_j \tag{3.7}$$

表示 i 年的粮食生产安全指数测算方法，其中 m 表示指标体系中的指标总量。

$$score_i = \sum_{j=1}^{m_k} y_{ij} \times w_j \tag{3.8}$$

式（3.8）表示 i 年某一子维度的得分情况，m_k 表示某一子维度中的指标个数。从以上公式可以看出，粮食生产安全指数是所有指标的加权平均值，子维度得分是其所属指标的加权平均值，粮食生产安全指数又是所有子维度指标的直接求和结果，这些基本数量关系构成了本章后续分析的基础。

二、描述性统计

下面给出指标体系中三级指标的描述性统计信息。表 3-2 前两列分别为指标均值与方差，最后一列为指标对应的权重。由于各项指标为无量纲化后的指标，所以第一列、第二列数据均在 0 和 1 之间，而最后一列权重值通过熵值法计算得出，所有指标权重之和为 1。

表 3-2　　　　　　　描述性统计（N=20）

指标	均值	标准差	权重
单位面积粮食产量	0.436	0.357	0.068
人均粮食占有量	0.547	0.358	0.045
粮食自给率	0.520	0.330	0.042
口粮自给率	0.585	0.244	0.019
粮食储备水平	0.552	0.230	0.019
食品抽检合格率	0.738	0.294	0.019
口粮进口调剂度	0.400	0.317	0.063
粮食损耗比率	0.300	0.239	0.050
深加工粮食占比	0.471	0.270	0.032
口粮占比	0.322	0.316	0.084
粮食进口占比	0.542	0.330	0.039
饲料粮占总体粮食产量比重	0.531	0.305	0.035
粮食进口市场集中度	0.409	0.305	0.056
水灾成灾面积	0.793	0.235	0.012
旱灾成灾面积	0.699	0.273	0.019

续表

指标	均值	标准差	权重
水灾救治率	0.434	0.304	0.044
旱灾救治率	0.466	0.299	0.041
水土流失治理面积	0.424	0.280	0.042
有效灌溉面积	0.437	0.365	0.069
水库库容	0.507	0.369	0.053
粮食播种面积在总播种面积中的占比	0.675	0.289	0.021
第一产业劳动力占比	0.502	0.355	0.050
农用机械动力总台时	0.542	0.330	0.040
化肥使用量	0.593	0.342	0.037

在无量纲化处理后，负向指标被处理为正向指标。根据表3-2中所列结果，负向指标中水灾成灾面积、旱灾成灾面积的均值均超过了0.650，这表明水旱灾害发生程度较轻，但是二者权重值很低，分别为0.012和0.019，对整体指数的影响较小。粮食进口市场集中度、口粮进口调剂度指标均值均在0.400左右，且权重均大于5%，这说明口粮进口和粮食贸易伙伴单一化对粮食生产安全指数的正向作用不足且权重较大，是负向因素中作用较大的一类。粮食进口占比指标均值为0.542，权重为0.039，相较于口粮进口而言其负向冲击明显降低。

从不同维度而言，数量安全维度中，单位面积粮食产量指标数值小、权重高，而粮食自给状况指标数值大、权重小。综合来看，权重更高的单位面积粮食产量、人均粮食占有量起到了更为重要的作用。结构维度中的质量结构类指标，食品抽检合格率、深加工粮食占比的权重较低，粮食损耗比率均值不高，除负向指标口粮进口调剂度之外，其余指标正向作用不足。供给结构类指标中，口粮占比指标权重0.084为所有三级指标中最高值，口粮生产对粮食生产安全的重要性进一步凸显。自然灾害维度中，灾害治理类指标的权重普遍大于受灾程度类指标，综合而言灾害造成的破坏弱而灾害治理效果好。要素投入维度中，水资源开发与利用和劳动力投入类指标权重均超过0.050，且均值均超过0.400，权重较高、均值不低，基本反映了当前两类要素在粮食生产中的重要作用。资本投入类指标权重降到了0.350左右，但是由于其均值水平高，也是粮食生产中的重要投入要素。土地投入类指标均值高但是权重低，整体而言在生产安全指数中占比不高，这可能是由于粮食播种面积在总体播种面积中占比相对稳定的缘故。

三、粮食安全指数分析

表3-3汇报了粮食生产安全指数的测算结果，前五列分别为粮食生产安全指数与四个子维度的得分，安全指数由子维度加总而得到。表3-3中后4列报告了不同子维度在生产安全指数中的占比，可以反映出子维度在安全指数中的相对重要性。

表3-3　　　　　　　　　　　粮食生产安全指数

年份	粮食生产安全指数	数量安全维度得分	结构安全维度得分	自然灾害维度得分	要素投入维度得分	数量安全占比	结构安全占比	自然灾害占比	要素投入占比
2000	0.340	0.060	0.194	0.021	0.064	0.177	0.571	0.063	0.188
2001	0.315	0.053	0.166	0.029	0.067	0.169	0.526	0.092	0.213
2002	0.392	0.060	0.223	0.037	0.072	0.153	0.568	0.095	0.184
2003	0.333	0.036	0.203	0.029	0.066	0.107	0.610	0.086	0.198
2004	0.348	0.073	0.125	0.078	0.072	0.209	0.359	0.225	0.207
2005	0.352	0.065	0.140	0.066	0.080	0.186	0.399	0.187	0.228
2006	0.392	0.077	0.171	0.049	0.095	0.197	0.436	0.125	0.242
2007	0.464	0.075	0.206	0.074	0.109	0.163	0.444	0.159	0.235
2008	0.454	0.097	0.158	0.070	0.130	0.213	0.347	0.154	0.286
2009	0.505	0.087	0.169	0.106	0.142	0.172	0.335	0.211	0.282
2010	0.485	0.092	0.158	0.082	0.154	0.189	0.325	0.169	0.317
2011	0.551	0.105	0.162	0.122	0.163	0.190	0.293	0.221	0.296
2012	0.555	0.118	0.152	0.100	0.185	0.213	0.274	0.180	0.334
2013	0.553	0.129	0.143	0.092	0.189	0.233	0.259	0.166	0.342
2014	0.551	0.132	0.132	0.090	0.197	0.239	0.240	0.162	0.358

续表

年份	粮食生产安全指数	数量安全维度得分	结构安全维度得分	自然灾害维度得分	要素投入维度得分	数量安全占比	结构安全占比	自然灾害占比	要素投入占比
2015	0.537	0.142	0.109	0.077	0.207	0.265	0.204	0.144	0.387
2016	0.550	0.137	0.122	0.086	0.205	0.249	0.221	0.157	0.373
2017	0.578	0.135	0.131	0.105	0.207	0.233	0.227	0.182	0.358
2018	0.599	0.133	0.155	0.109	0.202	0.222	0.258	0.183	0.337
2019	0.656	0.142	0.171	0.147	0.197	0.216	0.260	0.224	0.300

首先是粮食生产安全指数，总体而言从 2000 年的 0.340 上升至 2019 年的 0.656，增加近 1 倍，粮食生产安全保障水平提升明显。2005 年之前粮食生产安全指数波动程度高、增长趋势不明显，2003 年指数值甚至低于 2000 年指数值，这基本反映了 1998～2003 年我国粮食产出的下降趋势，这一时期的指数波动主要是总量不足引起的。2005 年之后，生产安全指数呈现出明显快速增长态势，粮食生产安全水平取得长足进步。

其次是不同子维度的得分情况。数量维度中，2003 年之前由于劳动力投入下降、粮食生产补贴不足、退耕还林政策逐步推进的影响，粮食生产总量有所下降，2003 年粮食总产量仅为 4.300 亿吨，相较于 1998 年 5.120 亿吨①的粮食产量下降了 8000 多万吨，数量维度得分很好地拟合了这一趋势。2004 年之后数量安全维度得分呈现稳步增长态势，究其原因，2004 年开始我国粮食产量进入持续增长状态，持续增长态势一直维持到 2015 年，这一过程被称为“粮食十二连增”，2015 年我国粮食产量站上 6.600 亿吨②高位，相较于低谷 2003 年增产 2.300 亿吨，粮食生产能力得到极大发展。政府在这一过程中扮演了重要角色，完善农业补贴体系、加大财政支农力度、加强农村基础设施建设、划定耕地红线等政策无一不给农业生产提供强力支撑。社会化服务体系不断完善，新型农业经营主体和适度规模经营的发展乃至农业科技的快速进步也是这一时期数量安全维度得

① 《中国统计年鉴 2005》。
② 《中国统计年鉴 2020》。

分增长的重要原因。2015～2019 年我国粮食产量维持在 6.5 亿吨以上①，粮食生产能力保持在了较高水准，其中 2019 年粮食产量 6.638 亿吨②为历史极值，与此相对应，数量安全维度得分维持在了一个较高水平。

结构安全得分状况与数量安全维度状况大相径庭，如图 3−1 所示，得分最高值为 0.223，出现在 2002 年，此后在波动中下降，2015 年之后出现一定回升，但 2019 年得分 0.171 依然低于 2000 年得分 0.194。结构安全维度主要用于反映居民需求结构变化、农产品进出口结构变化对粮食生产安全的影响。2001 年我国加入世贸组织之后，粮食进口不持续增加，近期特别是大豆作物进口量快速增加，2015 年后进口量超过 8000 万吨，占据了我国粮食进口量的绝大部分。而居民食品需求结构的优化意味着口粮需求占比的下降以及饲料粮和深加工粮需求的增加，这也对我国的粮食生产和供给提出了新的要求，来自多方面的冲击都致使结构安全维度得分出现下滑。2015 年之后结构安全指数好转是得益于农业供给侧改革的逐步推进，粮改饲、米改豆、去库存等改革措施都有效缓解了粮食供需结构错配的问题。

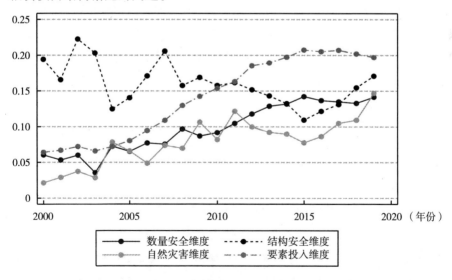

图 3−1　不同子系统得分趋势

---

①② 《中国统计年鉴 2020》。

由于自然灾害维度中包含了受灾程度和灾害治理两类指标，因此自然灾害维度得分综合了正反两方面影响。从整体趋势来看，自然灾害维度得分明显低于要素投入维度和结构安全维度，略低于数量安全维度，是四个维度中得分较低的维度，这反映自然灾害对粮食生产安全产生了一定冲击。而从自然灾害维度得分自身而言，2000~2019年指数不断增加，个别年份甚至超过了数量安全维度，这说明自然灾害治理能力不断进步，逐步成为保障粮食生产能力中的关键环节。

要素投入得分包含劳动、土地、资本、水等多个方面。如图3-2所示，从得分变动趋势来看，要素投入子维度可以分为2007年之前和2007年之后两个阶段，2007年之前维度得分在0.1以下，而2007年之后逐步上涨至0.200以上，个别年份甚至接近0.300。根据表3-2中的状况，在要素投入得分中权重较大的指标为水资源开发类和劳动力投入类指标，其中水资源开发类是要素投入维度得分快速增加的重要动力，这两类指标包含水库库容、乡村水电站个数等指标，其稳步增长也是农业基础设施趋于完善的体现。劳动投入类指标权重高、均值大，而指标均值高是由于早期劳动力投入数量大，2000~2019年农业劳动力大量流出、第一产业劳动力的数量和占比不断下降，对粮食生产的冲击严重。为了弥补劳动力投入不足的空白，化肥、机械等资本要素快速增加，这也是要素投入维度得分增长的重要原因。2015年之后要素投入得分增长趋势有所回落，这一部分是因为资本要素报酬递减，等量的资本投入增加无法换取产量的持续等量增加；另一部分是因为过量施用化肥、农药带来的环境问题逐步显现，中央政府开始倡导测土配方施肥，农药、化肥零增长行动，相关要素的投入有所下降。

最后是子维度得分占比情况分析。在分析各个维度得分的绝对数量之后，有必要讨论各个子维度在粮食生产安全指数中的相对重要性。如图3-2所示，下方曲线表示数量安全维度与结构安全维度得分之和，上方曲线表示粮食生产安全指数，从曲线的高低和变化趋势不难看出，2007年之前数量安全维度、结构安全维度之和与总体粮食生产安全指数具有高度一致性，且二者之间差距较小，而2007年之后二者发展趋势逐步背离，数量安全维度和结构安全维度得分在总指数中的占比不断下降。

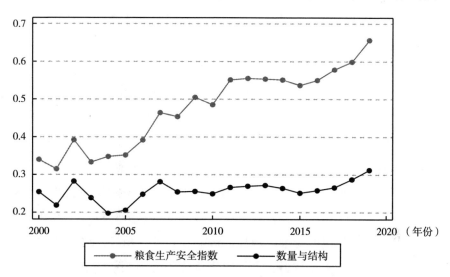

图 3-2　数量与结构得分趋势

　　数量安全维度和结构安全维度是整个指标体系的基础，二者分别反映了粮食数量充足度以及供需结构适配性，2000 年二者占比 74.800%，2007 年这一比率为 60.070%，而到 2019 年这一比率为 47.600%，与此同时，要素投入结构维度占比从 2000 年的 18.800% 增加到 2019 年的 35.800%，2015 年更是达到峰值 38.700%。这说明 2007 年后期粮食生产安全指数增加主要来自农业生产条件的改善和要素投入增长，数量安全和结构安全水平有所提升，但存在的问题不容忽视。

第五节　主要研究结论

　　本章从粮食生产角度入手，将粮食生产安全定义沿产业链前后延伸，扩展至要素供给乃至粮食供需结构适配层面，构建了包含 24 个基础指标，数量安全、结构安全、自然灾害、要素投入四个维度，覆盖 2000 ~ 2019 年 20 年数据的粮食生产安全指标体系。在基础指标体系基础上，使用极值处理法消除变量之间的量纲差异，再通过熵值法计算不同指标在合成安全指数时的权重，最后使用计算出的权重加权求和得到粮食生产安全指数和不同子维度的得分情况。由于四个子维度简单求和可以得出最后的生产安全指数，指标计算过程中还汇报了不同维度在生产安全指数中的占比，用以分析各个维度在总体安全指数中的相对重要性。

计算结果显示，2005年之前粮食生产安全指数波动明显、增幅不足，这与2003之前的粮食产量持续下降有直接关系。而2005年之后粮食生产安全指数快速增加，一方面得益于粮食产出"十二连增""十七连丰"时期粮食产量的快速增加，另一方面也得益于生产投入增长和农业基础设施完善。从不同子维度而言，数量安全维度变动趋势与粮食产量变动趋势基本一致；结构维度受进口增加的影响存在下降趋势，2016年农业供给侧改革推行之后有所回升；自然灾害维度得分为正、数值偏小且在整个考察期内存在增长趋势，反映了自然灾害对农业生产的冲击以及抵御自然灾害能力的提升；要素投入维度得分可以大致分为2007年之前和2007年之后两个阶段，2007年之后的数据相较于之前增加了1倍左右，这说明了国家对农业基础设施建设的重视以及各类现代投入要素在农业中的广泛应用。总体而言，数量安全维度和结构安全维度是2007年之前粮食生产安全指数中的主要成分，而2007年之后要素投入维度增长是生产安全指数增长的主要原因，数量安全与结构安全得分占比不断下降，粮食生产数量与供需结构适配依然面临挑战。如何充分发挥农业生产潜能、保障国家粮食安全依然是一个非常重要的课题。

（执笔：赵思诚、王国刚）

第二篇

专题研究

第四章

中国粮食自给率研究

粮食安全是国家安全的重要基础，粮食自给率是反映粮食安全水平的重要指标。本章基于 2004～2018 年宏观统计数据，采用流向法对中国各省份的粮食自给率进行测算。研究发现：（1）2018 年，中国有 20个省份的粮食供求处于完全自给程度，11 个省份处于风险自给程度。（2）2004～2018 年，中国有 16 个省份粮食自给率出现增加，15 个省份粮食自给率出现下降。（3）结合粮食自给率水平及自给率变化程度，将辽宁、西藏、广西、海南、福建、广东、浙江、上海、北京 9 个省份划分为重点关注省份。未来主销省份要实现一个"全部自给"，产销平衡省份要实现两个"基本自给"，主产省份要实现三个"稳定"，以提升各区域省份粮食安全保障能力，提升国家粮食安全保障水平。

第一节 引言

粮食安全是国家安全的重要基础，粮食自给率是反映粮食安全水平的重要指标。"食为政首，粮安天下"，粮食是关系国计民生的重要物资，保障粮食安全是治国理政的头等大事，也是国家安全的重要基础。粮食自给率是衡量国家粮食自给程度、反映国家粮食安全水平的一项重要评估指标，一直受到中央政府的高度关注。1996～2012年，国家相关部门发布多个政策文件，确保"粮食自给率95%以上"，成为这个时期主导粮食生产政策的重大方针。例如，1996年，国务院发布《中国的粮食问题》白皮书，提出"中国将努力促进国内粮食增产，在正常情况下，粮食自给率不低于95%，净进口量不超过国内消费量的5%"。2008年，国家发展和改革委员会发布《国家粮食安全中长期规划纲要（2008—2020年)》，提出"中国粮食自给率要基本保持在95%以上"。2011年，农业部发布《全国种植业发展第十二个五年规划（2011—2015年)》，提出"立足国内实现基本自给，确保自给率95%以上，水稻、小麦、玉米三大粮食作物自给率达到100%"。随着国内资源环境条件、粮食供求格局和国际贸易环境的变化，2013年中央农村工作会议提出了"以我为主、立足国内、确保产能、适度进口、科技支撑"的粮食安全新战略，确立了"谷物基本自给，口粮绝对安全"的国家粮食安全新目标。粮食自给率的准确判定是新时期保障粮食安全必须谨慎和科学对待的重要问题。

目前，中国口粮实现完全自给，谷物自给率一直保持在95%以上，但全国层面粮食安全并不意味着区域层面粮食安全。2004年以来，我国粮食生产实现"十七连丰"，连续6年保持在6.5亿吨以上，为确保国家粮食安全提供了坚实支撑。在口粮方面，近几年稻谷和小麦产需有余，完全能够自给，进出口主要是品种调剂，将中国人的饭碗牢牢端在自己手上[①]。在谷物方面，2018年谷物产量达到6.1亿吨，占粮食总产量的90%以上，比1996年的4.5亿吨增加1.6亿吨。自给率一直保持在95%以上，为促进经济社会发展和国家长治久安奠定了坚实的物质基础。可见，中国在保障国家粮食安全方面取得显著成绩，但这并不意味着区域粮食安全能得到保障。近年来，粮食产销平衡区和主销区的自给率逐年下降，对全国粮食总量的贡献率越来越低。据课题组测算，

① 根据国务院新闻办公室2019年发布的《中国的粮食安全》白皮书整理。

2000 年产销平衡区粮食平均自给率为 90.4%，2003 年上升到 97.0% 的较高水平，之后不断下滑，2018 年仅为 67.3%；甚至有的产销平衡省已经跌落至接近销区水平。销区省份也持续下滑，从 2000 年的 51.2% 下降到 2018 年的 17.1%。在 13 个主产省份中，超过半数省份（7 个省份）自给率在下降，下降幅度为 16~36 个百分点不等。如果产销平衡区和主销区的粮食自给率太低，面临的最大问题就是供应链断裂。比如西南省份从数千公里以外的东北运米，这其中可能出现的不利气候、突发灾害是难以预料的，手中的饭碗不知将面临多大的风险。在 2008 年冰冻灾害期间，一些市县不得不动用行政手段从外部调粮。还有 2020 年新冠肺炎疫情期间，一些地区畜禽饲料运不进来，对产业带来灭顶之灾。

只有坚持全国一盘棋，各区域省份保持应有的自给率，才能在高水平上维护国家粮食安全。2020 年 2 月，习近平总书记对全国春季农业生产工作作出重要指示，强调"主产区要努力发挥优势，产销平衡区和主销区要保持应有的自给率，共同承担起维护国家粮食安全的责任"。2020 年 11 月，国务院办公厅发布《关于防止耕地"非粮化"稳定粮食生产的意见》，提出要"产销平衡区和主销区要保持应有的自给率，确保粮食种植面积不减少、产能有提升、产量不下降，共同维护好国家粮食安全"。中央对产销平衡区、主销区的要求是明确的、一贯的，国家粮食安全从来不只是几个粮食主产省的责任，而是全国上下通盘谋划的全局性战略，主产区、主销区和产销平衡区都要站在国家粮食安全战略全国一盘棋的高度统筹安排。那么，各个区域省份现有的粮食自给程度如何？未来该如何更好地保障粮食安全？以上问题的回答有助于实现粮食供给区域平衡，构建更高层次、更高质量、更有效率、更可持续的粮食安全保障体系。基于此，本章利用 2004~2018 年的统计数据资料，采用流向统计法分别测算中国各个省份的粮食自给率水平，进而从区域层面分析中国粮食自给程度的变动情况，为加强各区域省份粮食安全保障能力，提升国家粮食安全保障水平提供对策建议。

第二节　主要测算方法与数据来源

一、主要测算方法

粮食自给率是一项评估国家粮食自给程度的指标，目前的测算方法主要有播种面积折算法、热量测算法和流向统计法。播种面积折算法是指以当年国内粮食播种面积占国内粮食播种面积与净进口粮食产品折算相关粮食播种面积之和的比重，作为粮食自给率。热量测算法是指以当年国内生产的粮食产品产生热量占全国消费的全部食用粮食产品产生热量的比值，作为粮食自给率。考虑到播种面积折算法不够直接，热量测算法无法全面反映非食用粮食产品生产情况，本章主要采用流向统计法来测算粮食自给率。

流向统计法以粮食总产量占粮食总消费量的百分比测算粮食自给率，粮食总消费量包括口粮消费量、饲料粮消费量和工业用粮消费量。该方法从流向的角度分析粮食消费去向，进而判断粮食的自给程度。其计算公式为：

$$粮食自给率 = 粮食总产量/粮食总消费量 \times 100\% \tag{4.1}$$

$$粮食总消费量 = 口粮消费量 + 饲料用粮消费量 + 工业用量消费量 \tag{4.2}$$

$$口粮消费量 = 农村人均粮食消费 \times 农村人口$$
$$+ 城镇人均粮食消费 \times 城镇人口 \tag{4.3}$$

$$饲料用粮消费量 = 猪肉产量 \times 单位猪肉耗粮量$$
$$+ 牛肉产量 \times 单位牛肉耗粮量$$
$$+ 羊肉产量 \times 单位羊肉耗粮量$$
$$+ 禽肉产量 \times 单位禽肉耗粮量$$
$$+ 禽蛋产量 \times 单位禽蛋耗粮量$$
$$+ 牛奶产量 \times 单位牛奶耗粮量 \tag{4.4}$$

$$工业用粮 = 稻谷工业用粮 + 玉米工业用粮 \qquad (4.5)$$

其中，2014 年以前各省城镇人均粮食消费量数据缺失，根据全国城镇人均粮食消费量和农村人均粮食消费量之比，以及各省农村人均粮食消费量推算而来。单位猪肉耗粮量是《全国农产品成本收益资料汇编》中散养生猪耗粮量、小规模生猪耗粮量、中规模生猪耗粮量和大规模生猪耗粮量的平均值。单位牛肉耗粮量是《全国农产品成本收益资料汇编》中的散养肉牛耗粮量。单位羊肉耗粮量是《全国农产品成本收益资料汇编》中的散养肉羊耗粮量。单位禽肉耗粮量是《全国农产品成本收益资料汇编》中小规模肉鸡耗粮量、中规模肉鸡耗粮量和大规模肉鸡耗粮量的平均值。单位禽蛋耗粮量是《全国农产品成本收益资料汇编》中小规模蛋鸡耗粮量、中规模蛋鸡耗粮量和大规模蛋鸡耗粮量的平均值。单位牛奶耗粮量是《全国农产品成本收益资料汇编》中散养奶牛耗粮量、小规模奶牛耗粮量、中规模奶牛耗粮量和大规模奶牛耗粮量的平均值。由于小麦工业用粮量缺失较多，且小麦工业用粮量较少，所以不计算该项值。

这里的粮食包括稻谷、小麦、玉米等谷物以及豆类和薯类，均作为自给率统计测算范围。一般认为，一个国家或地区粮食自给率为 100% 以上，属于完全自给；为 95% ~ 100%，属于基本自给；为 90% ~ 95%，是可以接受的粮食安全水平；一旦小于 90%，粮食供求的风险就会增大。

二、数据来源

中国各个省份的粮食产量数据来自《中国统计年鉴》，农村人口和城镇人口数据来自《中国统计年鉴》和各省份统计年鉴，农村人均粮食消费数据和城镇人均粮食消费数据来自《中国住户调查年鉴》，各畜产品产量数据来自《中国畜牧兽医年鉴》和《中国农业统计资料》，单位产品耗粮量数据来自《全国农产品成本收益资料汇编》，稻谷工业用粮和玉米工业用粮数据来自布瑞克数据库。

第三节　中国各省份粮食自给率分析

一、中国各省份粮食自给程度

2001 年粮食流通体制改革时，我国划分了 13 个粮食主产区、7 个主销区和 11 个基本平衡区。粮食主产区包括河北、内蒙古、辽宁、吉林、黑龙江、江苏、安徽、江西、山东、河南、湖北、湖南、四川；主销区包括北京、天津、上海、浙江、福建、广东、海南；基本平衡区包括山西、广西、重庆、贵州、云南、西藏、陕西、甘肃、青海、宁夏、新疆。自此，国家颁布多个文件对三大区域的功能作出定位，以提升区域保障能力，实现粮食供求区域平衡。例如，2011 年，国务院办公厅印发《关于开展 2011 年全国粮食稳定增产行动的意见》，提出"主产区要在稳定增产的基础上，增加商品粮调出量；主销区要保证必要的自给率，力争有所提高；产销平衡区要继续确保产需基本平衡，力争多作贡献"。2020 年，国务院办公厅颁发《关于防止耕地"非粮化"稳定粮食生产的意见》，提出"粮食主产区要努力发挥优势，巩固提升粮食综合生产能力，继续为全国作贡献；产销平衡区和主销区要保持应有的自给率，确保粮食种植面积不减少、产能有提升、产量不下降，共同维护好国家粮食安全"。

目前，主产区省份（除辽宁）粮食自给率都大于 100%，处于完全自给程度；产销平衡区（除西藏、广西、青海）粮食自给率都大于 100%，处于完全自给程度，主销区省份以及辽宁、西藏、广西、青海的粮食自给率都小于 90%，处于风险自给程度。如表 4 - 1 所示，2018 年，中国各省份粮食处于完全自给程度的省份有 20 个，分别是主产区省份内蒙古（251.96%）、河南（203.21%）、江苏（187.56%）、安徽（183.94%）、黑龙江（153.06%）、湖北（147.27%）、江西（143.88%）、四川（137.44%）、河北（120.26%）、湖南（120.09%）、山东（111.51%）、吉林（110.87%），以及产销平衡区的新疆（215.99%）、甘肃（191.29%）、山西（151.18%）、贵州（131.34%）、云南（118.36%）、宁夏（119.34%）、重庆（128.22%）、陕西（116.55%）。其他11个省份的粮食自给率都低于90%，分别为主产区省份辽宁（89.79%），产销平衡区省份西藏（89.42%）、广西（84.66%）、青海（79.39%），以及主销区省份浙江（58.01%）、天津（56.25%）、海南（53.28%）、广东（45.87%）、福建（36.96%）、上海（33.50%）和北京（12.98%）。

表4-1　　　　　　　　　　2018年中国各省份粮食自给程度

粮食自给程度	省份
完全自给（>100%）	主产区省份（内蒙古、河南、江苏、安徽、黑龙江、湖北、江西、四川、河北、湖南、山东、吉林）； 产销平衡区省份（新疆、甘肃、山西、贵州、云南、宁夏、重庆、陕西）
基本自给（95%~100%）	无
可接受自给（90%~95%）	无
风险自给（<90%）	主产区省份（辽宁）； 产销平衡区省份（西藏、广西、青海）； 主销区省份（浙江、天津、海南、广东、福建、上海、北京）

二、2004～2018年中国各省份粮食自给率变化程度

整体来看，2004～2018年，主产区10个省份粮食自给率出现增长，3个省份（吉林、黑龙江、辽宁）粮食自给率出现下降；产销平衡区中5个省份粮食自给率出现增长，6个省份（广西、重庆、西藏、宁夏、陕西、云南）粮食自给率出现下降；主销区1个省份粮食自给率出现增长，6个省份（海南、福建、广东、浙江、上海、北京）粮食自给率出现下降。2004～2018年，16个省份的粮食自给率出现增加，分别为主产区省份河南（83.17%）、内蒙古（78.20%）、江苏（44.11%）、安徽（35.33%）、

河北（36.20%）、山东（20.17%）、江西（19.43%）、湖北（20.95%）、湖南（3.42%）、四川（8.80%），产销平衡区省份新疆（76.54%）、甘肃（72.67%）、山西（25.04%）、青海（6.86%）、贵州（0.71%）及主销区省份天津（11.35%）。15个省份粮食自给率出现下降，分别为主产区省份吉林（-61.87%）、黑龙江（-59.40%）、辽宁（-13.50%），产销平衡区省份广西（-35.29%）、重庆（-28.72%）、西藏（-28.10%）、宁夏（-24.10%）、云南（-3.02%）、陕西（-0.57%），以及主销区省份海南（-42.37%）、福建（-39.90%）、广东（-28.90%）、浙江（-20.32%）、上海（-17.69%）、北京（-11.87%）。

从下降幅度来看，吉林粮食自给率的下降幅度最大，为-61.87%，依次是黑龙江（-59.40%）、海南（-42.37%）、福建（-39.90%）、广西（-35.29%）、广东（-28.90%）、重庆（-28.72%）、西藏（-28.10%）、宁夏（-24.10%）、浙江（-20.32%）、上海（-17.69%）、辽宁（-13.50%）、北京（11.87%）、云南（-3.02%）和陕西（-0.57%）。从下降速度来看，福建粮食自给率下降速度最快，年均为-5.10%，其次是北京（-4.53%）、海南（-4.09%）、广东（-3.43%）、吉林（-3.12%）、上海（-2.98%）、广西（-2.46%）、黑龙江（-2.32%）、浙江（-2.12%）、西藏（-1.93%）、重庆（-1.43%）、宁夏（-1.31%）、辽宁（-1.00%）、云南（-0.18%）、陕西（-0.04%）（见表4-2）。

结合2018年各省份的粮食自给率水平，将上述自给率下降的15个省份分为重点关注省份和一般关注省份两类（见图4-1）。重点关注省份包括9个，包括主产区的辽宁，产销平衡区的西藏和广西；主销区的海南、福建、广东、浙江、上海、北京。这些省份2018年的自给率都处于风险自给程度，而且与2004年相比，自给率下降的幅度较大。一般关注省份主要包括主产区的吉林和黑龙江，产销平衡区的重庆、宁夏、云南、陕西。这些省份虽然2018年的自给率都处于完全自给状态，但下降趋势明显，也需要定期关注。

表4-2　2004～2018年中国各省份粮食自给率

单位：%

地区	2004年	2005年	2006年	2007年	2008年	2009年	2010年	2011年	2012年	2013年	2014年	2015年	2016年	2017年	2018年	变动程度
吉林	172.75	158.65	136.88	111.37	126.82	103.05	114.48	148.03	165.90	179.46	185.81	188.42	169.68	150.07	110.87	-61.87
黑龙江	212.46	243.94	296.04	293.20	337.11	310.03	330.56	374.91	391.64	394.40	408.06	410.37	284.92	191.86	153.06	-59.40
海南	95.65	76.05	78.58	85.11	80.73	74.79	69.02	76.26	79.28	63.46	61.83	60.59	58.07	52.97	53.28	-42.37
福建	76.85	81.56	71.27	72.43	71.62	70.17	65.60	63.49	60.83	53.61	50.63	46.60	42.86	39.20	36.96	-39.90
广西	119.95	129.23	107.62	101.60	105.71	105.17	96.20	97.40	100.18	87.40	87.32	87.56	87.42	84.76	84.66	-35.29
广东	74.77	65.72	59.89	60.48	60.98	57.13	51.90	54.13	57.37	46.83	46.73	44.28	45.32	42.92	45.87	-28.90
重庆	156.93	154.54	117.51	161.27	160.01	146.07	139.24	135.84	141.75	125.90	116.66	114.95	117.78	123.89	128.22	-28.72
西藏	117.52	106.05	97.45	90.13	87.49	74.75	83.81	92.09	83.24	79.70	79.18	78.22	78.14	75.22	89.42	-28.10
宁夏	143.44	132.81	157.82	144.33	134.72	127.86	120.92	122.53	138.25	129.08	129.40	128.23	120.57	115.41	119.34	-24.10
浙江	78.34	80.24	78.39	74.42	71.57	70.14	66.04	72.06	69.11	54.78	53.71	54.54	53.61	55.11	58.01	-20.32
上海	51.19	50.97	52.97	52.75	63.76	60.20	57.41	54.40	53.95	39.65	39.78	41.54	37.18	34.75	33.50	-17.69
辽宁	103.29	100.89	103.77	99.68	95.02	78.63	82.10	101.15	104.51	105.51	84.72	98.79	99.66	100.15	89.79	-13.50
北京	24.85	33.95	47.97	40.65	55.88	48.47	42.02	44.03	43.00	26.79	18.67	19.73	19.00	16.48	12.98	-11.87
云南	121.39	127.66	115.62	119.78	115.36	111.01	110.76	118.43	119.43	118.72	119.74	118.16	118.95	117.14	118.36	-3.02
陕西	117.12	113.78	114.33	113.91	116.26	120.88	128.34	131.10	140.67	122.03	123.01	117.14	121.58	114.58	116.55	-0.57
贵州	130.63	135.93	128.54	133.59	137.62	138.94	136.53	112.50	151.00	125.54	131.91	140.44	148.48	147.78	131.34	0.71

续表

地区	2004年	2005年	2006年	2007年	2008年	2009年	2010年	2011年	2012年	2013年	2014年	2015年	2016年	2017年	2018年	变动程度
湖南	116.68	125.57	135.00	141.41	143.40	138.18	137.12	143.92	142.42	124.71	125.84	127.87	124.95	120.69	120.09	3.42
青海	72.53	70.80	79.03	65.72	79.05	81.52	78.04	78.76	79.59	74.37	80.66	82.16	78.79	80.07	79.39	6.86
四川	128.64	117.83	104.47	123.46	142.88	124.66	133.70	140.15	140.23	136.28	126.06	127.70	133.22	133.92	137.44	8.80
天津	44.90	48.10	53.28	51.03	53.12	53.03	51.59	53.42	49.03	45.34	45.57	46.13	49.02	56.98	56.25	11.35
江西	124.45	135.67	144.79	145.00	150.36	155.61	146.77	154.88	167.06	138.36	145.56	141.43	142.45	144.74	143.88	19.43
山东	91.34	98.88	101.32	99.98	107.72	94.44	95.98	107.56	110.65	109.75	116.31	115.66	115.34	112.95	111.51	20.17
湖北	126.32	128.29	129.88	133.71	137.01	133.89	132.72	145.27	149.08	142.22	137.19	149.88	146.06	146.06	147.27	20.95
山西	126.14	123.73	142.38	138.91	146.81	127.83	150.91	159.12	179.06	165.77	168.31	155.03	159.99	150.12	151.18	25.04
安徽	148.60	139.97	153.89	160.97	173.00	173.68	173.11	183.78	200.13	182.06	183.46	195.14	187.26	184.79	183.94	35.33
河北	84.06	86.23	97.83	99.46	100.03	104.09	108.06	119.16	116.19	121.20	123.05	122.81	125.02	127.90	120.26	36.20
江苏	143.45	147.70	156.54	160.32	165.55	158.84	170.96	180.51	190.86	167.63	172.95	179.75	179.41	188.88	187.56	44.11
甘肃	118.61	117.54	113.59	114.57	130.12	133.32	144.30	171.16	185.09	190.93	194.99	186.83	180.33	181.03	191.29	72.67
新疆	139.45	153.38	168.78	150.85	174.09	219.01	226.71	218.88	240.43	259.91	244.66	272.72	223.72	214.32	215.99	76.54
内蒙古	173.76	157.23	147.24	151.06	181.45	174.27	188.69	212.58	221.37	245.91	245.12	263.30	256.31	253.04	251.96	78.20
河南	120.04	140.36	153.55	159.67	157.59	156.04	156.77	176.94	179.82	171.29	180.67	187.25	188.29	195.87	203.21	83.17

注：变动程度是指2018年与2004年自给率相比的变动幅度。

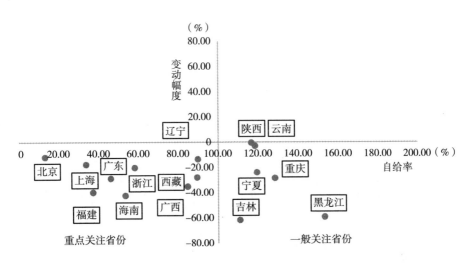

图 4 - 1　2018 年部分省份的粮食自给率与变动幅度

第四节　结论与建议

一、研究结论

第一，从 2018 年的粮食自给程度来看，中国有 20 个省份处于完全自给程度，其中包括主产区的内蒙古、河南、江苏、安徽、黑龙江、湖北、江西、四川、河北、湖南、山东和吉林 12 个省份，以及产销平衡区的新疆、甘肃、山西、贵州、云南、宁夏、重庆和陕西 8 个省份。主销区 7 个省份以及辽宁、西藏、广西、青海的粮食自给率处于风险自给程度。

第二，从 2004～2018 年粮食自给率变化幅度来看，中国有 16 个省份粮食自给率出现增加，分别为主产省份河南、内蒙古、江苏、安徽、河北、山东、江西、湖北、湖南和四川 10 个省份，产销平衡区省份新疆、甘肃、山西、青海和贵州 5 个省份，以及主销区省份天津。中国有 15 个省份粮食自给率出现下降，分别为主产区的吉林、黑龙江和辽宁 3 个省份，产销平衡区的广西、重庆、西藏、宁夏、陕西和云南 6 个省份，主销区的海南、福建、广东、浙江、上海和北京 6 个省份。

第三，结合 2018 年各省份的粮食自给率水平，将自给率下降的 15 个省份分为重点关注省份和一般关注省份两类。重点关注省份包括 9 个省份，包括主产区的辽宁，产销平衡区的西藏和广西；主销区的海南、福建、广东、浙江、上海、北京。一般关注省份主要包括主产区的吉林和黑龙江，产销平衡区的重庆、宁夏、云南、陕西。

二、对策建议

对于主销省份，要实现一个"全部自给"，即常住人口的一日三餐直接消费粮食自给。首先，要压实主销省份的粮食生产责任。要把常住人口口粮用途消费完全自给作为主销区省份粮食安全保障底线，将确保口粮自给的目标和发展粮食生产的相应举措，纳入地方经济社会发展长期规划，严格督办地方政府抓粮完成进度，充分体现中央粮食生产政策的要求和方向。其次，要加快主销省份粮食生产的机械化和规模化。参照全国重要粮食生产核心区设定标准，推动主销区省份产粮区粮食生产能力升级。当地政府要额外定向支持高产稳产品种研发、综合机械服务、高标准农田建设等关键环节。利用高科技产业集聚的先天优势，促进粮食生产智能化、数字化、精确化，推动粮食生产科技进步贡献率大幅提高。最后，要充分挖掘粮食增产增效广阔潜力。挖掘自然资源潜力，发展品类多样的粮经、粮饲、粮鱼等轮作连作、立体种养模式。挖掘消费市场潜力，顺应主销区省份高端消费，面向广阔的港澳市场和海外市场，开发营养稻谷、功能性稻谷、糙米、米糠等健康产品。推广复制成熟的产业园经营模式，力争将粮食产业园培育成为主销区省份粮食产业发展新的增长极。

对于产销平衡省份，实现两个"基本自给"，即全口径稻麦消费基本自给、饲料用粮基本自给。首先，要加强产销平衡省份粮食生产的责任意识。加快落实粮食安全党政同责制，强化考核导向，创新考核方式，严格对各省、区、市的责任制落实情况进行考核，防止产销平衡省份进一步向主销省份滑落。其次，要加大对产销平衡省份产粮大县的财政支持。国家对产销平衡省份的产粮大县也要一视同仁地给予支持，使其享受到同主产区省份一样的政策，加大财政资金奖励力度，进而调动起农民种粮的积极性和地方抓粮的动力。最后，要完善基础设施建设，提升产销平衡省份的粮食生产能力。以"藏粮于地"为依托，加大对高标准农田建设及中低产田改造等现有农田基础设施项目的支持力度，提升高标准农田建设投入标准，增强农田的灌溉水平和排水能力，做到旱涝保收。加强机耕道建设，将机耕道路按片区修到田间地头，促进农机推广，提高农业机械化水平。

对于主产省份，实现三个"稳定"，稳定面积、稳定产量、稳定预期，这样才能确保多产量，保障未来粮食刚性增长需求。首先，要构建"两个转移"发展补偿机制。就是要构建中央政府向主产区加大一般性转移支付、主销区向主产区补偿性转移支付的机制，加快补齐主产省份基础设施和公共服务短板弱项，保证其种粮不吃亏。其次，要强化粮食生产政策支持保障。构筑农业补贴、信贷政策、保险政策"三位一体"的联动支持体系，为种粮农户构建收入保障网，让种粮农户经济上不吃亏。进一步加大高标准农田建设力度，提高建设标准，采取先建后补、以奖代补、财政贴息等方式引导金融和社会资本投入高标准农田建设，提升防灾抗灾减灾能力。最后，精准发力增强科技装备支撑能力。要大力推动市场主导型的农业技术社会化服务业发展，建立以公共推广机构、社会力量并行的技术推广服务体系，为种粮农户提供先进的科技支持。

（执笔：刘明月、陈希、甘林针、牛坤玉、钟珏）

第五章

我国耕地资源演变
与"非粮化"评估分析

随着工业化、城市化进程加快和经济高速发展，耕地资源"非粮化"趋势明显。本章分析了我国 2001～2019 年耕地资源演变，开展了分省份"非粮化"评估。研究结果表明：2001～2019 年，我国耕地面积共减少985.9 万公顷，其中四川、陕西和内蒙古耕地减少最多，占全国耕地减少面积的 54.42%，仅四川就减少 321.9 万公顷。"非粮化"指数较高的省份大多处于我国中西部，其中新疆最高，显示我国耕地"非粮化"现象严重。

中国是人口大国，粮食问题直接关系着国计民生和社会稳定发展。近年来，随着工业化、城镇化的不断深入和农村经济增长方式的逐步转变，传统的"以粮为本，以地为纲"的观念受到严重冲击（赵玉领，2020；中共中央党史和文献研究院，2019）。耕地"非粮化"情况日益严重，第二、第三产业占用耕地现象时有发生，经济作物取代粮食作物态势蔓延（赵小风等，2019）。2021 年中央一号文件《中共中央 国务院关于全面推进乡村振兴加快农业农村现代化的意见》明确指出粮食播种面积要保持稳定、产量达到 6.5 亿吨以上，面对耕地"非农化""非粮化"现象加剧，保证农业耕地面积、维持粮食生产稳定成为重要课题。

因此，深入评估当前耕地"非农化""非粮化"的现状，谨防我国耕地过度"非农化""非粮化"，探索有效遏制的政策措施，对保障我国粮食安全具有重要意义。

第一节 我国耕地资源时空分布变化

一、耕地资源主要分布

中国的耕地主要分布在以"大兴安岭—阴山—贺兰山"为界的东部季风区，西部地区耕地分布较少。根据《中国统计年鉴 2020》数据，全国耕地 134.9 万平方公里（13490 万公顷），园地 14.2 万平方公里（1420万公顷），林地 252.8 万平方公里（25280 万公顷），牧草地 219.3 万平方公里（21930 万公顷），其他农用地 23.6 万平方公里（2360 万公顷）。人均占有耕地面积 0.096 公顷（1.44 亩），仅占世界人均水平的 40%。在全国 2800 多个县级行政区划单位中，人均耕地面积低于联合国粮农组织所确定的 0.8 亩警戒线的有 666 个，占 23.7%；人均耕地面积低于 0.5 亩的有 463 个，占 16.5%。

我国耕地面积最多的 10 个省份为黑龙江、河南、山东、内蒙古、河北、云南、四川、安徽、吉林、江苏（见表 5-1）。其中黑龙江耕地面积最多，达 1183.84 万公顷，占全国耕地面积的 9.72%，河南、山东、内蒙古、河北分别占 6.51%、6.17%、5.87%、5.19%。青海、天津、西藏、上海、北京耕地最少。

表 5-1　　　　　2018 年各省份耕地占国土面积的比例

省份	耕地面积（万公顷）	耕地占全国耕地面积比例（%）
黑龙江	1183.84	9.72
河南	792.60	6.51
山东	750.71	6.17

续表

省份	耕地面积（万公顷）	耕地占全国耕地面积比例（%）
内蒙古	714.63	5.87
河北	631.51	5.19
云南	607.24	4.99
四川	595.01	4.89
安徽	572.82	4.71
吉林	553.50	4.55
江苏	476.38	3.91
湖北	466.34	3.83
甘肃	465.98	3.83
贵州	448.75	3.69
广西	421.47	3.46
新疆	411.42	3.38
辽宁	408.52	3.36
山西	405.34	3.33
陕西	404.90	3.33
湖南	378.90	3.11
广东	284.77	2.34
江西	282.67	2.32
重庆	223.91	1.84
浙江	191.75	1.58
福建	133.31	1.10
宁夏	110.63	0.91
海南	72.75	0.60
青海	54.22	0.45
天津	44.37	0.36
西藏	36.11	0.30
上海	25.96	0.21
北京	23.22	0.19

从全国耕地面积分布情况来看，我国耕地的主要分布省份是黑龙江、河南、山东、内蒙古、四川、河北、云南、安徽和吉林。

二、我国基本农田数量与分布

基本农田是我国特有的概念，自 1989 年农业部与原国家土地局在湖北省监利县召开基本农田保护现场会以来，中国的基本农田保护措施已历时近 30 年。与一般农田相比，基本农田具肥力较高、农田立地条件较优、具有时段性等特征。我国各省份对基本农田统计的最新数据表明（见表 5－2），我国永久基本农田总数达 151419 万亩，主要分布在黑龙江、河南、山东、内蒙古、四川、河北、吉林、安徽等地。永久基本农田占耕地面积比例最大的省份分别是山东、安徽、广西、广东、河南、浙江、福建等，占土地面积比例最大的省份分别是山东、河南、安徽、江苏、河北等。由此可见，我国华北和东北等耕地资源丰富的区域，具有进一步发展农业的比较优势，是中国基本农田保护的重点区域。

表 5－2　　　　　2020 年全国各省份基本农田数量与分布

地区	永久基本农田（万亩）	耕地面积（万亩）	土地面积（万亩）	永久基本农田/耕地面积（%）	永久基本农田/土地面积（%）
全国	151419	202322	1444050	74.84	10.49
北京	152	321	2550	47.29	5.95
天津	427	655	1650	65.17	25.88
上海	200	287	900	69.59	22.22
重庆	2424	3555	12300	68.19	19.71
内蒙古	9300	13906	177450	66.88	5.24
广西	5475	6581	35400	83.19	15.47
西藏	455	666	184200	68.38	0.25
宁夏	1400	1935	9900	72.36	14.14
新疆	3962	7859	249000	50.41	1.59
河北	7725	9778	28200	79.00	27.39
山西	4892	6084	23400	80.39	20.90
辽宁	5528	7457	21900	74.13	25.24

续表

地区	永久基本农田 （万亩）	耕地面积 （万亩）	土地面积 （万亩）	永久基本农田(%) 耕地面积	永久基本农田(%) 土地面积
吉林	7386	10480	28050	70.48	26.33
黑龙江	16600	23769	70950	69.84	23.40
江苏	4220	6860	15450	61.52	27.31
浙江	2398	2966	15300	80.86	15.67
安徽	7393	8800	21000	84.01	35.20
福建	1610	2005	18150	80.26	8.87
江西	3693	4629	25050	79.78	14.74
山东	9584	11385	23100	84.18	41.49
河南	10000	12168	25050	82.18	39.92
湖北	5883	7854	27900	74.91	21.09
湖南	4945	6227	31800	79.42	15.55
广东	3214	3900	27000	82.42	11.90
海南	910	1084	5100	84.00	17.85
四川	7793	10088	72150	77.25	10.80
贵州	5262	6778	26400	77.63	19.93
云南	7348	9320	57450	78.84	12.79
陕西	4590	5974	30900	76.83	14.85
甘肃	5985	8066	68100	74.20	8.79
青海	666	886	108300	75.20	0.61

三、我国耕地资源区域变化

从耕地面积分布来看，1980年，我国耕地最多的省份主要是黑龙江、山东、河南、河北和四川；1990年，我国耕地最多的省份主要是黑龙江、山东、河南、河北、四川和内蒙古；2000年，我国耕地最多的省份主要是黑龙江、河南、山东、内蒙古、河北、云南；2010年和2018年，我国耕地最多的省份主要是黑龙江、河南、山东、内蒙古、河北、云南、四川。

从耕地数量来看，中国耕地变化的基本特点是"西增东减，总量减少"。自1957年以来，我国的耕地就一直呈现净减少的态势，在"六五"期间到"十五"期间的25年，我国耕地净减少12012万公顷，年均减少48.48万公顷。随着我国国民经济持续较快发展，自"八五"以来耕地减少量大幅增加，"八五"期间、"九五"期间、"十五"期间年均减少量分别为14.04万公顷、33.51万公顷、123.2万公顷。图5-1是2001～2019年全国各省份耕地面积减少幅度及排序。

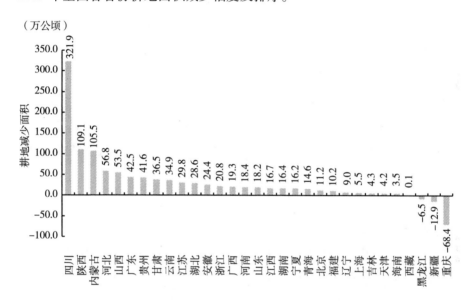

图5-1　2001～2019年全国各省份耕地面积减少幅度

2001～2019年，耕地共减少985.92万公顷，年均减少49.3万公顷。而原本耕地资源较少的西部地区耕地面积增加明显，特别是西北、西南地区，耕地增加较多。而东部地区的耕地面积减少，其中，东北、华北、华中、华东及华南地区的省份耕地减少较多。从省份层面上看，耕地减少数量最多的三个省份为四川、陕西和内蒙古，共占全国耕地减少面积的54.42%，仅四川就减少321.9万公顷，占全国耕地减少面积的32.65%。而黑龙江、新疆、重庆耕地有增加，分别增加了6.5万公顷、12.9万公顷、68.4万公顷，其中重庆耕地面积增加最多。结果表明，耕地后备资源严重不足，尤其是补充优质耕地、实现"占优补优"更加困难，耕地保护面临着前所未有的压力（田兴平，2018）。

第二节　我国耕地"非粮化"评估

一、评估思路与方法

对于耕地"非粮化"指数的评估是一个复杂的过程，本章综合选取了耕地、种植、复种和非粮化地去向四类指标。其中耕地指标主要考虑土地资源总量、耕地资源总量、农用地占比、建设用地占比等指标，反映耕地资源非粮化的现状及对区域进展程度；种植指标主要考虑农用地中，粮食种植面积、非粮化地占比等，反映种植中的非粮化现状；复种指标反映的农用地的综合利用效率；非粮化地去向指标包括食物性去向与非食物性去向，反映非粮化的后果。此处不考虑指标权重，将在后续研究中涉及。

1. 指标选取

本章主要揭示全国各省份非农化、非粮化、种植性土地现状及非粮化去向中食物性和非食物性去向比例的影响因素，依据科学性、系统性和指标可获取性原则，选取耕地、种植性、非粮化去向等方面 11 个指标进行分析（见表 5 - 3）。

表 5 - 3　　全国各省份"非农化"土地影响因素指标评价体系

变量类型	指标名称	指标解释	单位
耕地	耕地资源总量	耕地面积	千公顷
	农用地占总土地比重	$\dfrac{农用地面积}{土地面积}$	%
	耕地占总土地比重	$\dfrac{耕地面积}{农用地面积}$	%
	建设用地占耕地面积比重	$\dfrac{建设用地面积}{耕地面积}$	%

续表

变量类型	指标名称	指标解释	单位
种植	粮作比	$\dfrac{粮食作物播种面积}{农作物播种面积}$	%
	播种非粮化面积	农作物播种面积－粮食作物播种面积	千公顷
	播种非粮化率	$\dfrac{播种非粮化面积}{农作物播种面积}$	%
复种	复种指数	$\dfrac{农作物播种面积}{耕地面积}$	%
非粮化地去向	食物性去向比例	$\sum_{1}^{n} x = x_1 + x_2 + x_3 + \cdots x_n$	%
	非食物性去向比例	$\sum_{1}^{n} x = x_1 + x_2 + x_3 + \cdots x_n$	%

注：1. 食物性去向比例指标解释 $\sum_{1}^{n} x = x_1 + x_2 + x_3 + \cdots x_n$，其中 x_n 表示某一食用性作物占农作物播种面积比例。

2. 非食物性去向比例指标解释 $\sum_{1}^{n} x = x_1 + x_2 + x_3 + \cdots x_n$，其中 x_n 表示某一非食用性作物占农作物播种面积比例。

2. 研究方法

利用统计资料和其他相关资料，在耕地保护相关理论的指导下，利用统计、对比等方法探究不同时间和地区的耕地利用状况，分析当前的非粮化状况；剖析城镇化、工业化以及土地流转过程中呈现的"非粮化""非农化"问题产生的原因，分析典型的"非粮化""非农化"的土地利用方式的差异和产生的负面影响的不同，最后从宏观的角度分析耕地的"非粮化""非农化"问题对于国家粮食安全的影响。

"非粮化"指数指标为将农用地面积、农用地占比、粮食作物播种面积、粮食作物播种面积占比、播种非粮化面积、播种非粮化率、复种指数、非食物性去向比例指标进行数据归一化，按等值权重取平均值计算，具体公式如下：

$$X^* = \frac{X - \min}{\max - \min} \tag{5.1}$$

$$NG = \overline{X^*} \tag{5.2}$$

其中，X^* 为各项参考指标进行数据归一化，max 为样本数最大值，min 为样本数据最小值，NG 为"非粮化"指数指标，$\overline{X^*}$ 为各项参考指标归一化数据的平均值。

3. 数据说明

2000～2019 年土地利用数据、农作物及经济作物播种面积等数据来源于《中国农村统计年鉴》，2000～2019 年粮食作物播种面积数据和粮食产量数据来源于《中国统计年鉴》，并进行数据计算和绘图。

二、全国耕地"非粮化"评估结果

2000～2017 年，我国农用地面积变化趋势与农用地占总土地比变化趋势整体一致，呈"几"字型变化（见图 5-2）。全国农用地面积从2000 年的 653360 千公顷减少到 2017 年的 644860 千公顷，农用地占总土地比从 68% 下降到了 67%。2001～2002 年，农用地面积和农用地占总土地比均有所上升，在 2002～2008 年农用地面积与农用地占总土地比无明显波动，但在 2009 年出现大幅度下降，在 2008～2017 年，我国农用地面

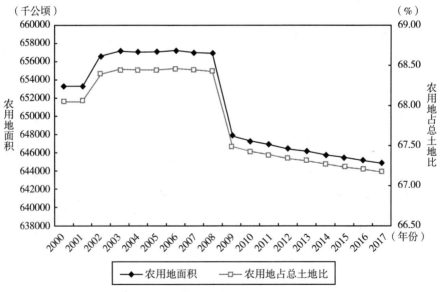

图 5-2　2000～2017 年全国农用地面积与农用地占总土地比变化情况

积与农用地占总土地比变化整体呈下降趋势。

　　耕地"非粮化"面积用于衡量一定区域内播种"非粮化"的数量，播种"非粮化"率用于衡量一定区域内耕地"非粮化"的程度。图5-3反映了2000～2019年期间我国耕地"非粮化"面积和"非粮化"比率的变化趋势，其间呈现波动变化，但2019年两者数据与2000年基本一致。2000～2003年我国"非粮化"面积和"非粮化"率明显增加，此时期是国家退耕还林政策的重要实施阶段，导致粮食播种面积明显减小（李勇等，2020）。在2004年，我国的"非粮化"面积和"非粮化"率出现大幅下降，主要是由于自2004年以来，随着农业政策的相应调整，我国全面取消征收农业税，这显著降低了粮食生产成本而增加了农民收入，粮食播种面积和产量呈现增加态势（江朦朦，2018）。至2019年我国"非粮化"面积和"非粮化"率与2000年基本维持同一水平，提高了粮化面积，这也是响应了2019年《中共中央　国务院关于坚持农业农村优先发展做好三农工作的若干意见》中提到的为保证粮食安全要稳定粮食产量，确保粮食播种面积稳定在16.5亿亩（赵小风等，2019）。

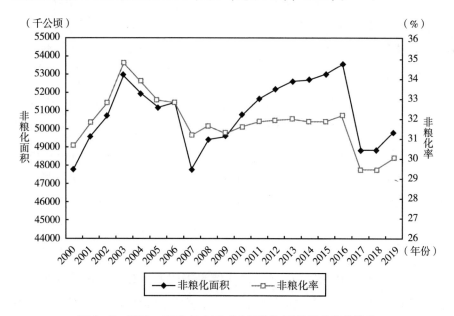

图5-3　2000～2019年全国"非粮化"面积及其变化演变

2000～2019 年我国"非粮化"指数呈波动变化（见图 5－4），2000～2019 年"非粮化"指数在 0.32～0.73 之间波动，整体呈现先上升后下降趋势。2003～2009 年出现"非粮化"高峰，"非粮化"指数均高于 0.5，近年来随着国家耕地保护政策的出台，"非粮化"趋向逐渐受到遏制（孔祥智等，2013），保持着较平稳的变化趋势。

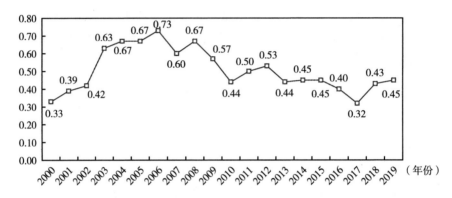

图 5－4　2000～2019 年全国"非粮化"指数变化趋势

我国耕地"非粮化"类型和程度存在差异，"非粮化"类型分为食物性生产的"非粮化"与非食物性生产的"非粮化"（孔祥斌，2020）。食物性去向主要包括蔬菜、水果、油料作物、茶叶和烤烟等，非食物性去向主要包括苗木和棉花。

2000～2019 年全国"非粮化"变化如表 5－4 所示，其中食物性去向比例远大于非食物性去向比例，且二者在 2000～2019 年间均呈现下降趋势。非食物性去向比例范围为 1.92%～3.96%，其中主要是棉花（1%～3%）；食物性去向比例范围为 18.66%～34.43%，其中主要是种植果园（1%～8%）、蔬菜（2%～13%）与油料（7%～10%）。

全国非粮地数量、粮作比与粮食产量的相关分析如表 5－5 所示，"非粮化"数量与粮食产量间无显著相关关系，粮作比与粮食产量呈现极显著正相关（$r = 0.669$，$p < 0.01$）。结果表明非粮化对我国总体的粮食产量影响不大，而粮食作物播种面积与农作物播种面积之比对我国粮食产量影响显著，粮作比越高，粮食产量越高。

表5-4　2000~2019年全国"非粮化"耕地去向类型

年份	农作物播种面积（千万公顷）	蔬菜占比（%）	茶园占比（%）	果园占比（%）	花卉占比（%）	油料占比（%）	麻类占比（%）	糖料占比（%）	烤烟占比（%）	药材占比（%）	苗木占比（%）	棉花占比（%）	食物性去向（%）	非食物性去向（%）
2000	15.63	9.75	0.70	5.71	0.16	9.85	0.17	0.97	0.81	0.43	0.07	2.59	28.55	2.66
2001	15.57	10.53	0.73	5.81	0.00	9.40	0.21	1.06	0.76	0.53	0.00	3.09	29.03	3.09
2002	15.46	11.22	0.73	5.88	0.22	9.55	0.22	1.18	0.77	0.62	0.11	2.71	30.39	2.81
2003	15.24	11.78	0.79	6.19	0.28	9.83	0.22	1.09	0.75	0.82	0.15	3.35	31.75	3.51
2004	15.36	11.44	0.82	6.36	0.41	9.40	0.22	1.02	0.75	0.84	0.23	3.71	31.25	3.94
2005	15.55	11.40	0.87	6.45	0.52	9.21	0.22	1.01	0.80	0.78	0.27	3.26	31.25	3.52
2006	15.70	11.60	0.91	6.45	0.46	7.48	0.18	1.00	0.69	0.53	0.26	3.70	29.30	3.96
2007	15.35	11.29	1.05	6.82	0.49	8.04	0.14	1.14	0.71	0.63	0.26	3.39	30.32	3.65
2008	15.63	11.44	1.10	6.87	0.50	8.47	0.11	1.23	0.78	0.76	0.27	3.38	31.26	3.65
2009	15.86	11.61	1.17	7.02	0.53	8.48	0.07	1.14	0.77	0.74	0.29	2.83	31.52	3.11
2010	16.07	11.83	1.23	7.18	0.57	8.52	0.06	1.13	0.75	0.77	0.31	2.72	32.04	3.03
2011	16.23	12.10	1.30	7.29	0.63	8.30	0.05	1.13	0.82	0.85	0.35	2.79	32.47	3.13
2012	16.34	12.45	1.40	7.43	0.69	8.22	0.04	1.15	0.88	0.95	0.39	2.67	33.22	3.06
2013	16.46	12.69	1.50	7.51	0.75	8.16	0.04	1.12	0.89	1.11	0.43	2.53	33.78	2.96
2014	16.54	12.94	1.60	7.93	0.77	8.10	0.04	1.05	0.80	1.20	0.45	2.52	34.43	2.97
2015	16.64	13.22	1.68	7.70	0.78	8.00	0.03	0.95	0.72	1.23	0.46	2.27	34.32	2.73
2016	16.67	13.40	1.74	7.79	0.00	7.92	0.03	0.93	0.69	1.16	0.00	1.92	33.66	1.92
2017	16.59	1.72	6.71	0.84	0.48	7.97	0.03	0.93	0.65	1.30	0.00	1.93	20.64	1.93
2018	16.59	1.80	7.16	0.00	0.00	7.76	0.03	0.98	0.60	1.44	0.00	2.02	19.78	2.02
2019	16.59	1.87	7.40	0.00	0.00	7.79	0.04	0.97	0.59	0.00	0.00	2.01	18.66	2.01

表5-5　　　　全国非粮地数量、粮作比与粮食产量的相关关系

相关性	非粮化数量	粮作比
粮食产量	0.090	0.669 **

注：** 表示在 0.01 的水平显著。

三、各省份2019年耕地"非粮化"评估结果

2019 年全国各省份的"非粮化"指数如图 5-5 所示。全国"非粮化"指数最高的为新疆，应与其近年经济发展迅速、经济作物种植面积显著上升有关。超过全国指数的省份为新疆、内蒙古、西藏、辽宁、青海、甘肃、吉林、宁夏、云南、河南、山东、陕西、山西等省份，大多处于我国中西部。从整体情况来看，我国耕地"非粮化"的现状仍然不容乐观。

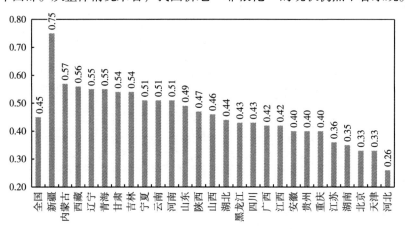

图5-5　2019年全国各省份"非粮化"指数

第三节　政策建议

一、实行严格耕地保护制度，确保耕地数量与质量红线不动摇

加强耕地管理，做好整体规划，实行最严格的耕地保护制度，确保

耕地总量 18 亿亩的目标，贯彻落实《中共中央 国务院关于加强耕地保护和改进占补平衡的意见》精神。加大耕地保护力度，加强耕地管理制度，严格保护基本农田，稳定粮食播种面积，遏制耕地流转过度加快的"非粮化"趋势。强化耕地的刚性保护，真正把基本农田作为"一条不可逾越的红线"，并把粮田数量不减少、质量不下降作为评价的先决条件。保持耕地数量的动态平衡，注重空间布局稳定性，已占用耕地要经济利益持久化，现有耕地要持续耕种，避免现有粮食主产区向非主产区转移的倾向，保证用最少的农地占用量实现最大的效益。

提高对耕地质量的重视程度，严格控制优高等耕地减少规模，切实加强农田基础设施建设，提高针对农田水利、农业科技、农机装备、农业植保等的投入，大规模改造中低产田，建设旱涝保收的高标准粮田，因地制宜，根据当地地形、气候等特征，修建配套设施，提高耕地基础地力和产量水平，提高农业生产抵御自然灾害的能力。

二、灵活利用区域区位优势，进行粮食生产结构调整

全国各省份在进行基本农田规划与管理时，建议不单纯采用占比这一指标实行"一刀切"，而是秉承一切从实际出发的原则，结合自身的自然条件、地理位置、特定资源、农业生产传统、生产技术条件、劳动素质以及市场环境等因素来进行综合考虑，充分、灵活地利用各省份区位优势，建立有针对性的保护机制，规划满足最基本保障需求的高标准基本农田占比，同时避免出现因农业生产经营结构趋同而造成大面积侵占粮田的情况。

确定各省份在粮食生产中所处的地位、规模和主要的粮食种类，并规划出具体的种植用地，而重点承担粮食保障功能的省份，要给予政策与财政倾斜，以摆脱"产粮大区，财政穷区"的发展误区。定期对粮食产区进行评估，确保土壤的质量不受破坏、粮食种植面积维持稳定，实现产出最大化。

三、完善粮食价格形成机制，健全粮食生产激励体系

各省份在做好粮食价格监测数据采集、汇总、审核上报工作的基础上，要进一步加强对粮食价格波动及其影响因素和粮食价格变动趋势分析、预测工作。制定政策消除或平衡种粮与高效农业之间的效益"剪刀差"，逐年提高粮食收购价格和粮食保护价水平，让农民获得最大的利益，同时加大对城市低收入消费者的补贴力度。提高粮食生产的竞争力，节约各个环节的成本，培育农业新型人才，对农民进行职业培训，提高粮食生产的技术含量。提升生产效率，进而提高种粮的热情。

四、完善粮食补贴制度，拓宽补贴对象范围

进一步完善粮食补贴制度，继续提高农业生产资料综合补贴标准，加大对粮食生产的扶持力度，应按照"谁种粮、谁受益"原则，制定完备的粮食补贴政策，根据不同的粮食种植情况以及作物种植种类具体化补贴的数额和等级，尽力缩小种粮与种其他经济作物以及搞养殖业、花卉业、休闲观光农业等的效益"剪刀差"。除农户外，考虑将直接进行粮食生产的企业、专业协会、合作社等纳入补贴考虑范围，并丰富补贴类型，增加良田建设与抗灾补贴及奖励，让相关补贴与农田挂钩而不是与农户挂钩。对涉及粮田面积集中的补贴对象从信息服务、技术咨询、政策指导、信贷扶持、农业保险等方面给予全方位支持。

五、促进废弃非粮地复垦，减少耕地资源浪费

农村第三产业的过快发展，导致农村中土地被闲置、浪费的现象时有发生，要转变农村第三产业的经济增长方式，要始终保持产业与耕地、资源、生态环境以及农民之间的和谐，保持高起点、严要求，走集约型经济增长之路，大力发展环保型第三产业，减少资源浪费，以实现节约

发展、清洁发展和安全发展的战略目标。对现有土地情况做定期检测，促进废弃非粮地的复垦工作，以增加粮田面积。对于长期耕地，还有化肥使用过多的土地采取恢复措施，改善耕地质量，做好配套设施的建设，打造连片生产、规模经营的高标准的农田示范区。

六、完善监督管理机制，探索新型保障制度

中央政府应划定各省份的基本种粮耕地面积，并把耕地数量和质量作为其政绩考核的范畴，提高地方政府严格审批种粮耕地的意识，增设耕地"非粮化"用途的耕地流转税、增值税等，提高耕地"非粮化"成本。明确农业部门为主要负责监管的政府部门，设立专门的检查审核机构，用好土地流转大数据平台，及时掌握土地用途变更信息，对土地的用途、使用情况以及土壤维护工作定期检查。要充分认识到社会监督的优势，拓宽举报渠道。针对粮田，探索新型保障制度，发挥金融、保险等对粮食生产的支持作用。

（执笔：王婧、张宏媛、常芳弟、王国丽、于茹、宋佳坤、王永庆、张延、李玉义、逄焕成、姜文来）

第六章

粮食全要素生产率测算与分析

本章根据《全国农产品成本收益资料汇编》资料，对粮食生产的成本收益、成本结构和成本变化进行了分析，并采用随机前沿生产函数（SFA）对生产率进行测算。结果表明：1985～2018年，水稻、小麦和玉米的生产成本上涨了十几倍，人工费用成为生产成本上涨的最大推动力，且人工费用占比与净利润高度相关且呈反向关联。三种主粮的净利润波动周期一致，1992～1995年和2001～2013年为盈利上升时期，1996～2003年和2013～2018年为净利润下降时期。粳稻、小麦和玉米的用工投入产出弹性都呈现下降趋势，而机械和其他投入费用弹性上升。玉米全要素生产率波动较大，小麦和粳稻较为平稳。玉米技术进步以管理、规模等广义技术进步为主。分省来看，玉米全要素生产率前三名的省份为新疆、贵州、广西；小麦为江苏、山东、河北；粳稻为河北、湖北、安徽。

第一节 引言

2020年初暴发的新冠肺炎疫情引发了全球各国对粮食安全的又一轮

高度关切，疫情之下，中国粮食生产全力保供，各项政策"稳"字当头。从短期来看，保障粮食安全的重点工作是稳定播种面积，通过最低收购价和促农支农政策保障农民种粮积极性，抓好病虫害防治和防灾减灾。从长期来看，资源和环境约束不断增强，必须依靠技术进步和体制优化提高粮食全要素生产率，提高要素边际回报率，才能实现粮食生产向高产、优质和高效方向发展，粮食产业才能经受住疫情、灾害、贸易等冲击。回顾历史，中国粮食生产不断迈上新台阶，2018 年水稻、玉米和小麦的单产较 1985 年单产分别增长了 30.5%、85.9% 和 64.0%。这是农业科技水平提升与生产方式、规模优化的共同结果。当前，以育种技术和微生物组学为代表的前沿技术研发，和大数据、信息技术支持下的智慧农业，是中国农业"硬"技术的攻关方向，也就是通常所称的"狭义"技术进步。但"狭义"技术进步不可能独立存在，适应农户类型（纯农业户、兼业农户、非农业兼业户和非农业户）演变，农地经营权转包及互换需求，农业功能和形态（农业多功能性、三产融合）创新的生产方式、要素投入结构、组织方式也在发生深刻变化，促进了农业生产效率、经营管理技术、资源合理配置等非体现性技术进步。以上因素推动了"广义"农业技术进一步提升，为农业经济发展和粮食生产能力提高作出了重要贡献。

　　因此，技术进步对经济增长作用和贡献的研究为总结历史经验，提供未来发展决策依据，起到重要参考作用。然而自 21 世纪初，农业技术进步贡献率出现了增速放缓（Wang，2013）的现象：增长驱动力主要源于狭义技术进步（赵芝俊等，2009；李谷成，2009），宏观面仍表现为粗放型增长模式（Gong，2018），特别是粮食类和经济作物技术进步明显放缓，畜牧业技术进步存在周期性波动放缓（董莹，2016）。本章利用《全国农产品成本收益资料汇编》（国家发展改革委，1980～2019）对农户种粮成本收益、成本结构、全要素生产率、要素弹性进行了测算，总结归纳变化周期和特征，同时剖析成本收益及全要素生产率变化的原因。结论呈现了各省技术进步贡献率的变化，特别是对于粮食主产省，可以结合自身的资源禀赋特征作出更有益于发展方向的判断。

第二节　粮食生产成本收益情况

一、成本收益

从水稻、小麦和玉米成本收益变化情况看，2018 年种植稻谷净利润最高，每亩达到 65.89 元，种植小麦和玉米则亏损，每亩亏损分别达到 159.41 元和 163.34 元。从历年成本收益情况来看，稻谷保持了盈利状态，而小麦在 1998～2003 年和 2013 年、2016 年和 2018 年均为亏损状态，玉米的亏损时期为 1998～2003 年和 2015～2018 年。其中粳稻收益情况好于籼稻，每亩净利润 136.78 元。中籼稻在籼稻中净利润最高，为每亩 120.28 元，其次为晚籼稻每亩 58.6 元，而早籼稻则每亩亏损 50.37 元。三种主粮的净利润波动周期一致，1992～1995 年和 2001～2013 年为盈利上升时期，1996～2003 年和 2013～2018 年为净利润下降时期（见图 6－1）。

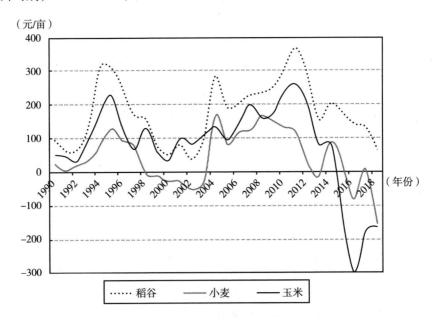

图 6－1　1990～2018 年主粮生产净利润变化

从省份来看，安徽、江苏、安徽、河南、湖北、湖南、辽宁、吉林、浙江、山东的水稻种植收益较好，其中安徽的早籼稻，江苏和安徽的中籼稻，湖南和江西的晚籼稻，山东、湖北、安徽和吉林的粳稻，新疆和内蒙古的小麦种植净利润都远高于全国平均水平。而福建的早籼稻，贵州的中籼稻，福建的晚籼稻，甘肃和四川的小麦，广西和云南的玉米种植净利润都远低于全国平均水平（见图6-2）。

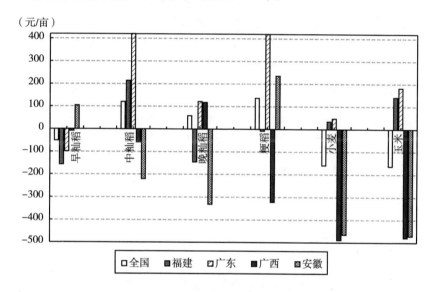

（元/亩）

图6-2　主粮种植净利润较高和较低省份

种粮生产名义成本一直呈增长态势，1990～2018年，籼稻、粳稻、小麦和玉米的生产成本年均增长率分别为7.5%、6.8%、7.4%和7.6%。三种粮食作物在1994～1997年和2010～2012年都经历了生产成本快速增长，在1998～2000年和2015～2018年经历了小幅下降或平稳期（见图6-3）。分省份来看，2018年早籼稻生产成本较高的省份为福建，最低为安徽；中籼稻生产成本最高的省份为贵州，最低为河南；晚籼稻生产成本最高的省份为福建，最低为湖南；中籼稻生产成本最高的省份为贵州，最低为河南；粳稻生产成本最高的省份为云南，最低为黑龙江；小麦生产成本最高的省份为甘肃，最低为湖北；玉米生产成本最高的省份为甘肃，最低为黑龙江。

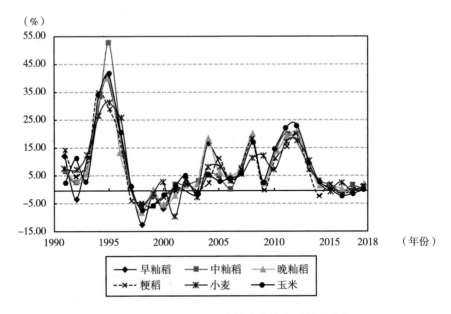

图 6 - 3　1990～2018 年主粮生产成本增长率变化

二、成本结构

根据《全国农产品成本收益资料汇编》，总生产成本包括生产成本和土地成本两部分。由于本章关注的是粮食全要素生产率，即生产要素（资本、劳动力、土地）数量不变时产出仍能增加的部分，而土地成本自1990 年至 2018 年增长迅速，并涉及城乡要素价格关系、土地经营和管理政策等，因此本章仅对生产成本中的结构变化进行分析，即单位土地上生产成本结构的变化。

粮食生产成本分为物质与服务费用和人工成本两部分，其中物质与服务费用主要包括种子费、化肥费、农药费、租赁作业费等直接费用，以及固定资产折旧、保险费等间接费用。如图 6 - 4 所示，1990～2018年，三种主粮生产成本中占比最高的仍是人工费用并且一直保持占比增加趋势，占比增加最快的是机械作业费，从 1990 年 2%～6% 的水平增加到 2018 年 15%～22%。种子和农药费用占比较为平稳或小幅增长。化肥费用则呈现波动下降，在 1990～1996 年和 2005～2009 年为高峰期，其他时间段则占比下降。粮食生产的种子、化肥、农药这三项费用总和占比呈下降趋势。分品种来看，2018 年人工费用占比最高的是玉米 53.4%，其次为水稻 47.8%、小麦 43.8%；机械作业费用占比最高的是水稻 19.4%，其次为小麦 17.3%、玉米 14.4%；化肥费用占比最高的是小麦 18.6%，其次为玉米 16.8%、水稻 13.3%；农药费用占比最高的是水稻 5.5%，其次为小麦 2.9%、玉米 2.1%；种子费用占比差别不大，均为 6% 以上。

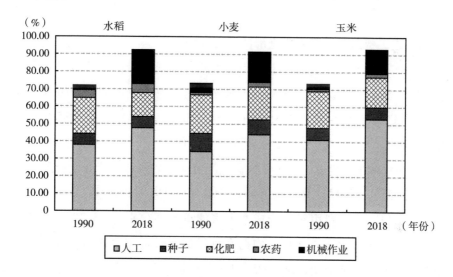

图 6-4　1990～2018 年粮食生产成本结构变化

从省份看，2018 年早籼稻生产成本中人工费用占比最高的是福建 59.6%，最低的是浙江 35.3%。机械作业费用则恰恰相反，浙江占比最高为 29.4%，福建为 15.5%。种子、化肥、农药三项费用之和占比只有福建低于 20%，其他省份占比约为 23%～28%。中籼稻生产成本中人工费用占比超过 70% 的有贵州和陕西，两省机械作业费用占比也最低，分别为 6.9% 和 7.3%，远低于 14.3% 的平均水平。中籼稻种子、化肥、农药三项费用之和占比最高为江苏 34.1%，最低为陕西 12.2%。晚籼稻人工费用占比较高的省份为福建、广东和广西，三省也是机械费用占比较低的省份。晚籼稻种子、化肥、农药三项费用之和占比最高为浙江 33.5%，最

低为福建 20.5%。粳稻人工费用占比较高的省份为云南和河南，分别为
69.2% 和 61%，两省也是机械费用占比较低的省份。小麦人工费用占比较
高的省份为云南和四川，分别为 74.3% 和 71.6%，两省也是机械费用和种
子、化肥、农药三项费用之和占比较低的省份。小麦人工费用占比较高的
省份为贵州和四川，机械费用占比较低的省份为广西和四川，种子、化肥、
农药三项费用之和占比最高的是安徽 34.6%，最低为贵州 14.8%。

三、成本变化特征

1. 人工费用是生产成本上涨的最大推动力

1985～2018 年，水稻、小麦和玉米的生产成本上涨了十几倍，人工
费用则上涨了 15 倍以上，成为生产成本上涨的最大推动力。2018 年单位
面积的用工数量已经降为 1985 年的 20%～30%，其中水稻为 1985 年用工
数量的 24%，小麦为 28.%，玉米为 31%，但由于工价的快速增长，抵消
了用工数量减小。1990～2018 年粮食生产劳动力数量和工价变化如图 6-5
所示。按照名义价格计算，在 1985～1990 年、1991～2005 年、2006～2018
年三个阶段，人工费用对生产成本上涨的贡献率分别为 63.7%、81.7%
和 86.0%。相比之下，化肥、农药和种子的增长贡献率逐步下降，下降
最明显的就是化肥费用，从 1985～1990 年生产成本上涨贡献 20% 以上，
下降到 2006～2018 年上涨贡献 10% 左右。

2. 人工费用占比与净利润高度相关且呈反向关联

人工费用在生产成本中占比高、上涨快，人工费用占比与净利润高
度相关。这种反向关联在 2010 年之后逐步显现。水稻、小麦、玉米人工
费用占比高的省份，净利润相对都较低；反之，人工费用占比低，净利
润则较高。2005～2018 年，早籼稻生产净利润较高的省份由浙江和海南
变为安徽；中籼稻利润较高省份由河南、陕西、四川变为江苏、安徽；
晚籼稻由安徽、广东、浙江变为浙江、湖南、江西；粳稻由宁夏、吉林、
辽宁变为山东、吉林、辽宁。2005 年，小麦生产净利润较高的省份有内
蒙古、山东、河北、新疆；玉米生产净利润较高的省份有河南、山东。

2018 年小麦生产净利润较高的省份为内蒙古、新疆、山东；玉米生产净利润较高的省份有新疆、内蒙古。这些省份的人工费用占比都要低于全国平均水平。可以看出，2018 年粮食生产净利润较高的省份人工费用占比都远低于全国水平，且机械费用占比远高于全国平均水平。

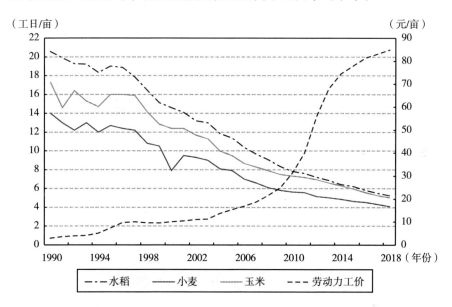

图 6 - 5　1990 ~ 2018 年粮食生产劳动力数量和工价变化

3. 品种间、省份间生产效益差别较大

三种主粮的净利润波动周期基本一致。1992 ~ 1995 年和 2001 ~ 2013 年为盈利上升期，1996 ~ 2003 年和 2013 ~ 2018 年为净利润下降期。水稻盈利在历年间一致保持为正，小麦每亩净利润为负的年份最多，即便是净利润为正的年份，每亩净利润在主粮中也较低。玉米每亩净利润波动幅度最大，特别是在 2015 ~ 2018 年每亩亏损超过百元，2016 年每亩亏损已达 300 元。2018 年，水稻品种中早籼稻净利润为负，每亩亏损 50.4 元，其他品种净利润为正，粳稻净利润最高，为 136.8 元/亩。2018 年，小麦和玉米的净利润都为负。如图 6 - 6 所示，同样品种的生产净利润差距在近年逐步拉大，以中籼稻为例，2005 年最高净利润和最低净利润省份差距为 232.2 元/亩，2018 年差距扩大为 640.3 元/亩，不同品种高低

净利润差距均扩大 2～3 倍不等。

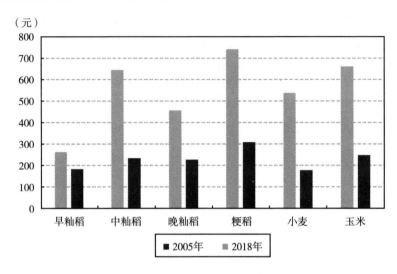

图 6 - 6　2005 年和 2018 年分品种最高和最低生产净利润差距

第三节　粮食全要素生产率测算

一、全要素生产率测算的基础理论

全要素生产率是全部生产要素在既定投入水平的条件下，由技术进步带来的产出增长占比，或者说是所有有形生产要素以外技术进步的生产率增长，也因此被称为技术进步率。它是分析经济增长源泉的重要工具，也是判断增长质量和增长潜力的重要标准（朱承亮、李平，2019）。在古典经济增长理论中，人们已经发现技术进步对经济增长的意义。斯密（1776）提出劳动分工、自由市场和新机器形式的技术进步是经济增长的三大重要因素。李嘉图（1817）认为技术进步可以影响资本积累和利润率，进而影响宏观经济中国民收入核算、货币体系，因其构建了某一实体（厂商）经济模型与宏观经济的联系，开启了经济增长理论的宏观研究视角。在"马尔萨斯陷阱"（Multhus，1836）提出后，阿伦杨格

（1928）认为技术进步可以产生网络外部性，导致边际收益递增，即便在其他要素边际收益递减的情况下，仍然可以保证经济的持续增长。

进入 20 世纪，统计学和数学模型发展为技术进步的量化测度创造了条件，索洛（Robert Solow）提出了具有规模报酬不变特征的总量生产函数和增长方程，形成了全要素生产率的含义。然而，古典经济增长理论将技术进步视作外生变量，持稳态均衡增长观点，对经济刺激政策和发展赶超的研究薄弱，内生增长理论逐步成为研究主流。内生增长理论不仅放松了规模报酬不变、边际收益递减等假设条件，更关注现实中经济刺激措施和持续增长研究，归纳了资本增加、劳动力数量增加和质量提高，资源配置改善、生产规模效益（Schumpeter，1934），干中学、技术创新、国际贸易和分工（Romer，1986；Lucass，1988；Barro，1999）等因素的作用路径和效果。全要素生产率的研究进入了模拟现实进而提出改进建议的应用研究高峰时期，从宏观和微观角度对技术进步影响经济发展的路径和技术创新（变迁）规律进行研究，对当前技术进步的特征和原动力进行了系统阐述。例如：要素相对价格引起的技术进步类型差异，制度变迁、交易市场、法律和政府管理等体制因素对技术采纳、技术发展方向的影响，都对地区乃至国家经济发展战略、科技政策和产业政策有了深刻影响。

二、粮食全要素生产率测算的意义

1995 年中共中央、国务院颁布的《关于加速科学技术进步的决定》中提出，到 20 世纪末科技进步对农业的贡献率提高到 50% 的目标，计算农业科技进步贡献率成为科技兴农工作中一项重要的基础性工作（朱希刚，1997）。自 2006 年以来，农业农村部每年发布农业技术进步贡献率，以此作为衡量农业科技创新支撑农业高质量发展和乡村振兴的核心指标。

同时，党中央一直把粮食安全作为治国理政的头等大事，维护家庭承包经营的稳定性和长期性，诱导小农融入现代农业和分工经济，在要素流动过程中坚守粮食安全的基本政策底线（罗必良，2020）。而中国粮食压力仍然长期存在，耕地、水资源是主要资源禀赋约束，消费升级导致饲料粮缺口增大，对口粮的品质和品种也提出更高要求，瞬息万变的国际局势导致进口不确定性增加。农业全要素生产率测算可以判断农业发展模式为粗放还是集约，粮食全要素生产率也将可以反映不同时期产出增长的主要动力，比较各个产区要素弹性，研判各地区技术进步类型及增长模式，为提高我国粮食生产的质量和未来潜力开展客观检验。开展不同地区技术进步和不同要素弹性的比较，归纳出各类要素不同时期的贡献和变化特征，对优化资源配置乃至深化农业改革都具有重要的现实意义和政策参考价值。有此依据，才能用发展的眼光来审视我国粮食安全问题，搞清楚当前全要素生产率"是多少"，分析全要素生产率指标的经济学和政策含义，为下一步"如何提高"提供政策参考。

三、测算方法和数据

通常资本、劳动力和土地是农业生产主要的三项投入要素，如果以 Y 表示总产出，K、L、N 分别表示资本、劳动力和土地，A 代表希克斯中性技术水平，那么全要素生产率（TFP）的增长率可以表示为：

$$T\dot{F}P = \frac{\dot{A}}{A} = \frac{\dot{Y}}{Y} - \alpha_K \frac{\dot{K}}{K} - \alpha_L \frac{\dot{L}}{L} - \alpha_N \frac{\dot{N}}{N} \qquad (6.1)$$

也就是说，全要素生产率等于总产出增长率分别减去各要素产出弹性与要素投入增长率之积后的剩余。全要素生产率测算的关键是确定要素弹性，即确定合适的生产函数形式。目前，常用的生产函数中，CD 函数要素弹性不变且替代弹性之和为 1，与农业生产中资本、劳动力、投入品等弹性变化和溢出效应、技术外部性不符，CES 函数替代弹性为固定值，VES 函数的形式较为复杂，不易用采用计量方法估计。

由于本章测算目标包括分品种粮食全要素生产率、要素产出弹性变化、偏性技术进步等内容，因此采用随机前沿生产函数（SFA），将模型设定如下：

$$Y = F(\ln X_1, \ln X_2, \ln X_3, \ln A) \qquad (6.2)$$

全要素生产率（Total Factor Productivity）为式（6.3）。其中，X_{it} 表示各投入要素的向量，t 是时间趋势变量。v_{it} 是满足 $N(0, \sigma_v)$ 分布的随机误差项；u_{it} 表示技术效率损失项，$u_{it} \sim N^+(\mu_{it}, \sigma_\mu)$。

$$T\dot{F}P = \frac{\partial \ln F(\ln X_i, t)}{\partial t} = (\alpha_1 t + \alpha_2 t) + \sum_{i=1}^{3} \beta_{Ai} \frac{\mathrm{d}\ln X_i}{\mathrm{d}t} \qquad (6.3)$$

全要素生产率通常也被称为"广义技术进步率"，之所以称为"广义"是相对应"狭义"的概念，狭义技术进步率 TP（Technical Productivity）指生产前沿面随时间提高，是农业"硬"技术的进步，也是中性技术进步，在式（6.3）中为 $(\alpha_1 + \alpha_2 t)$，其不影响要素投入比例。在 Tranlog 生产函数中，要素 X_{it} 的弹性除了原来的固定值 β_{it} 外，还有另外两个组成部分：随时间变动的部分，式（6.4）中的第二项即规模报酬收益变动率；以及随要素投入量变动的部分，式（6.4）中的第三项即投入要素配置效率变化率（赵芝俊等，2009），其中 $s_j = \dfrac{w_j X_j}{\sum w_j X_j}$，即 j 种要素在总投入成本中的比例。

$$T\dot{F}P = \dot{T}P + \sum_j (\varepsilon_j - s_j) \frac{\mathrm{d}\ln X_j}{\mathrm{d}t} + \dot{T}E$$

$$= \dot{T}P + (\varepsilon - 1) \sum_j \frac{\varepsilon_j}{\varepsilon} \frac{\mathrm{d}\ln X_j}{\mathrm{d}t} + \sum_j \left(\frac{\varepsilon_j}{\varepsilon} - s_j \right) \frac{\mathrm{d}\ln X_j}{\mathrm{d}t} + \dot{T}E \qquad (6.4)$$

根据对水稻（粳稻）、小麦和玉米全要素生产率测算理论、方法及变量选择和结果的文献综述，本章在测算方法、数据和变量的选择有以下考虑：（1）本章研究重点是粮食生产投入要素不同时期对产出的贡献率和变化特征，开展不同地区技术进步和要素弹性的比较，以期针对粮食各个品种的增产潜力和全要素增长动力进行研判，为优化资源配置、改进生产方式乃至深化农业改革提供重要参考。因此使用 1980 ~ 2018 年《农产品成本收益汇编资料》中粳稻、小麦和玉米的数据，用单位面积产出作为被解释变量，去除土地价格对产出指标的影响，同时也体现土地资源稀缺情况下全要素生产率变化情况。（2）为呈现客观、全面的粮食全要素生产率的变化，本章体现"全"要素贡献，即将除土地以外的所有要素投入纳入模型，在确保方程收敛的前提下，尽可能地使用"量"作为投入，剥离因价格变动掩盖的技术进步作用。（3）使用 Translog 模型，模型中所有费用均根据消费者价格指数进行了平价处理，方程和主要变量统计分析（见表 6-1）如下。

$$\ln Y_{it} = \beta_0 + \beta_1 \ln L_{it} + \beta_2 \ln F_{it} + \beta_3 \ln M_{it} + \beta_4 \ln OI_{it} + \frac{1}{2}\beta_5 \left(\ln L_{it}\right)^2$$

$$+ \frac{1}{2}\beta_6 \left(\ln F_{it}\right)^2 + \frac{1}{2}\beta_7 \left(\ln M_{it}\right)^2 + \frac{1}{2}\beta_8 \left(\ln OI_{it}\right)^2 + \beta_9 \ln L_{it} \times \ln F_{it}$$

$$+ \beta_{10} \ln L_{it} \times \ln M_{it} + \beta_{11} \ln L_{it} \times \ln OI_{it} + \beta_{12} \ln F_{it} \times \ln M_{it}$$

$$+ \beta_{13} \ln F_{it} \times \ln OI_{it} + \beta_{14} \ln M_{it} \times \ln OI_{it} + \beta_{15}t + \frac{1}{2}\beta_{16}t^2$$

$$+ \beta_{17}t\ln L_{it} + \beta_{18}t\ln F_{it} + \beta_{19}t\ln M_{it} + \beta_{20}t\ln OI_{it} + (v_{it} - \mu_{it}) \quad (6.5)$$

表 6-1 粮食生产函数中主要变量的统计分析

变量	平均值			标准差		
	粳稻	小麦	玉米	粳稻	小麦	玉米
F（千克/亩）	462.24	276.05	383.57	111.87	85.25	118.67
L（个/公顷）	16.41	10.70	13.40	9.70	6.43	7.05
F（千克/公顷）	21.04	17.15	17.36	8.69	8.43	7.99
M（元/公顷）	56.57	42.92	27.98	66.96	45.72	39.57
OI（元/公顷）	119.22	83.77	73.97	72.47	54.78	52.03
TI（元/公顷）	148.90	121.18	121.36	96.20	76.42	82.01
MI（元/公顷）	106.55	72.41	47.42	92.97	65.43	56.24

注：模型一解释变量：单位土地上的用工数量（L）、化肥投入折纯量（F）、机械费用（M）及除人工、化肥和机械的其他费用（OTHI）；模型二解释变量：单位土地上的用工数量（L）、传统要素费用（TI）、现代要素费用（MI）。

若设定粮食生产规模报酬不变和资源配置效率变化为零，则狭义技术进步 $\dot{TP}$ 可以分为中性技术进步率和偏性技术进步率两部分，即式（6.5）所示 $\dot{TP}$ 在模型一中可以表示为：

$$\dot{TP} = \frac{\partial \ln Y}{\partial t} = \varepsilon_t = \beta_{15} + \beta_{16}t + \beta_{17}\ln L + \beta_{18}\ln F + \beta_{19}\ln M + \beta_{20}\ln OI$$

$$(6.6)$$

四、测算结果

1. 水稻

20 世纪 80 年代初期，主要粳稻生产省份的狭义技术进步率基本在 0.013～0.019 的水平，浙江（0.0214777）、湖北（0.0213531）、安徽（0.02131）、山东（0.0209403）、江苏（0.0207728）、宁夏（0.020398）高于 0.02，明显高于全国整体水平。2018 年全国狭义技术进步增长至 0.0310581，其中增长较快的省份有：吉林（0.0314203）、安徽（0.0318079）、山东（0.0311857）、浙江（0.0313878）、湖北（0.0313155）、黑龙江（0.0316657），粳稻主产区北移。与狭义技术进步上升不同的是，技术效率出现了波动但总体平稳的情况，其中 1984～1986 年、1998～2018 年为相对高水平年份（见图 6－7）。

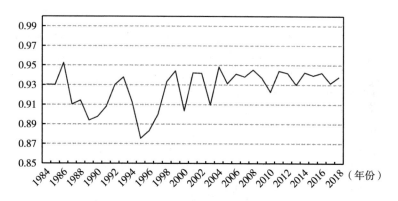

图 6－7　粳稻技术效率变化趋势

从技术效率来看，技术效率最高的省份是河北，较低的为江苏和河南。由于粳稻产区分布于我国东部、中部、西部地区，自然环境和社会经济环境存在较大差异，导致了技术效率、全要素生产的变化情况呈现出显著的空间特点。以 1986 年作为基准值，则粳稻全要素生产率呈现波动中保持平稳略有上升（见图 6－8）。其中少数省份出现技术无效情况，种子、化肥和农药投入冗余。

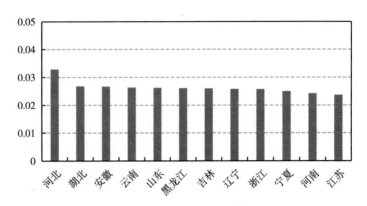

图 6-8　粳稻全要素生产率各省差异

2. 小麦

小麦狭义技术进步一直比较稳定，但 2009 年之后明显降低，技术效率也较为稳定，但技术效率没有本质改观（见图 6-9）。分省来看，江苏（0.8630183）、山东（0.8499961）、河北（0.846666）、内蒙古（0.8162796）、河南（0.8106171）的技术效率高于全国平均水平。在某些地区的某些年份，小麦的产量和技术进步实现了较快增长，例如，江苏在 1998～2014年单产翻了一番以上，得益于开展品种育选、优良工程和科技入户工程。

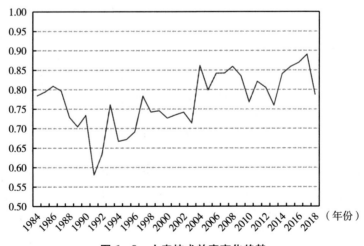

图 6-9　小麦技术效率变化趋势

如图 6-10 所示，小麦生产机械投入弹性在 2010 年之后开始大幅上升，在 2000～2010 年劳动力投入弹性发生了反向变化，即弹性大幅下降，说明小麦生产实现了机械替代劳动力。化肥投入弹性由负转正，并且持续增大，与科学施肥、测土配方施肥以及化肥农药零增长的措施密切相关。小麦全要素生产率波动较大，经历了 1996～2000 年和 2006～2008 年两个增长阶段，其余年份均为平稳或下降。

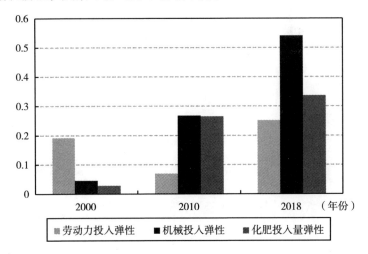

图 6-10　小麦各要素弹性变化趋势

3. 玉米

玉米狭义技术进步在三大主粮中增速最快，玉米技术效率在 2012 年之前也保持增长态势，之后下降（见图 6-11）。玉米技术效率水平有明

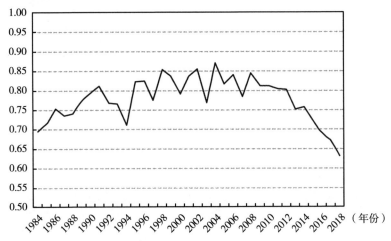

图 6-11　玉米技术效率变化趋势

显的区域特征，较高的省份都集中在北方的山西（0.8593491）、甘肃（0.830635）、内蒙古（0.8200818），全要素生产率较高的省份有新疆、贵州、广西和山西。

值得注意的是，玉米生产化肥、用工和机械在 2000 年之后由正转负，但其他投入费用的弹性为正，在 2002 年之前弹性变大，之后弹性变小。原因可能有两方面：一是要素投入量水平高，边际收益为负；二是该要素单位价格高，导致对产出贡献为负；三是玉米其他费用投入的类别已经发生了改变。玉米技术进步以管理、规模等广义技术进步为主，全要素生产率波动较大。

（执笔：高芸）

第七章

农业保险对粮食生产能力的影响
——基于投入视角的分析

农业保险作为重要的生产灾害应对工具，能够有效分散灾害损失，稳定农业生产，保障粮食安全。然而，农业保险对粮食种植户的投入会产生什么影响？回答这一问题对研究我国农业保险政策对粮食生产能力的影响以及完善我国农业保险政策十分重要。本章基于 2015 年全国四省 1039 户粮食种植户调研数据，以地块为研究对象，采用工具变量方法和倾向得分匹配法，实证分析了农业保险参保行为对粮食种植户的有机肥以及农药施用的影响。结果显示，参保行为对有机肥施用有显著负影响，投保地块有机肥的施用概率比未投保地块低 3% ~ 7%。在农药方面，参保地块的农药施用次数显著低于未参保地块，平均减少了 0.25 ~ 0.75 次。利用工具变量（IV）及倾向得分匹配（PSM）控制内生性后结果不变。这表明，我国现行的"低保障、广覆盖"粮食作物保险制度能在一定程度上抑制农药的施用，但抑制作用有限。此外，也在一定程度上说明，农业保险对粮食生产能力既有有利的一面，同时也存在一定程度的负面影响，导致支持政策的激励可能不一致，从而难以最大限度发挥农业保险政策效果。因此，未来农业保险政策的改善，要有效规避其对长期投入的负面影响，同时增强不同激励政策之间的协调性。

第一节　引言

农业生产具有投资多、周期长、风险大等特点，需要从宏观、中观和微观层面利用各种技术工具提供风险预防和保障（见表7-1）。市场环境下，当农户面对多种风险管理工具时，将按照一定的方式进行选择和决策。尽管这些风险管理方式和手段均有助于预防和减少自然灾害带来的不利影响和损失，但因为作用机理和路径等有所差异，各种技术和工具在应用时有可能互补，也可能存在着替代关系。事实上，很多风险管理方式和工具都得到了政府的大力支持和推广，因此，了解并分析不同技术工具的相互关系，不仅能够有效提高农户的风险防御能力，更能够节省防灾减灾资金投入并改善政策支持效果。

表7-1　　　　　　　　　　　农户风险管理方式和手段

类型	农户	市场	政府
风险减少	技术选择	风险管理培训	宏观经济政策 防灾 动物防疫
风险缓解	生产多元化	期货和期权 保险 产业链 营销 订单生产 差价销售 多元化融资 非农工作	收入再分配 反周期项目 边境限制或和其他措施（例如，传染性疾病暴发时）
风险应对	借贷 慈善	出售金融资产 储蓄/借贷 非农业收入	救灾 社会援助 农业支持计划

资料来源：OECD. Managing Risk in Agriculture：A Holistic Approach（extracts）[R]. 2009：22.

农业保险作为一项重要的风险管理工具，能够有效提高农业的防灾防损能力和灾后恢复能力。自2004年我国开展农业保险试点以来，农业保险取得快速发展，保费收入从 2004 年的 3.77 亿元，仅占全国财产险保费收入的 0.34%，增长到 2012 年的 240.13 亿元，占财产险收入的 4.5%，成为第三大财产险险种。2012 年 10 月国务院通过了《农业保险条例（草案）》，进一步明确规定国家采取保险费补贴、税收优惠等措施支持发展农业保险。各级政府支付农业保险的补贴资金从 2008 年的 78.44 亿元增加到 2014 年的 250.7 亿元。2015 年保费收入已经达到 374.7 亿元，参保农户近 2.3 亿户次，提供约 2 万亿元的风险保障。农业保险事业迅速发展，成为稳定我国农民收入和粮食安全的有效保障。

对于微观农户而言，除能利用农业保险分散风险外，采用一些农艺技术同样能达到防灾减灾的目的，如及时使用农药、长期施用有机肥或采用保护性耕作技术等。大量研究表明，有机肥除能有效改良耕地质量外，还能改变农作物的抗旱、抗病虫害、抗倒伏等抗逆性，从而减少灾害发生时的损害（孙毅等，2002；邓文，2009）。同时，农药投入能有效防治病虫草害，在稳定农产品产量方面起到了至关重要的作用（纪月清等，2015）。

从政策设计的角度来看，农户风险抵御手段越多，越有可能增加投资，稳定生产，从而有助于保障国家的粮食安全。但这里隐含着一个前提，即微观农户不仅有积极主动采用各种工具的动机，而且各种工具之间不存在相互矛盾的激励方向，通过多项措施的联合实施，发挥各类工具之间的叠加效应，减少甚至消除风险带来的负面影响。然而，在实际农业生产中，农户的行为决策是否满足上述条件，即不同的政策措施之间是否存在相同的激励方向，还需要进一步分析。这就意味着，当一项风险管理决策会影响到另一项决策时，就有必要进一步分析两者之间的关系；当有证据表明两种决策之间确实存在着负相关关系，就更有必要对现有的相关制度安排进行评估。

然而，已有研究表明，由于农业保险中道德风险的存在，参与农业保险的农户可能会减少用于分散风险的农业生产的投入（Quiggin，1992；Ramaswami，1993；Smith & Goodwin，1996）。道德风险是指，由于参保人参与了保险，导致个人防御风险的激励减少，减少对所投保标的的预防措施或生产投入（Quiggin et al.，1993；James & Paul，2008）。若农业保险果真抑制了用于减少风险的要素投入，就有可能降低农户风险管理水平和投入水平，不利于农业的长期持续发展。

那么，在我国农业保险快速发展，覆盖面逐步扩大的背景下，农户参保决策与其他风险管理决策间究竟存在着怎样的关系，参保决策对其他风险管理决策是否存在着抑制效应？对此进行分析，一方面，有助于从投入视角深入研究我国农业保险对保障粮食生产能力的可能影响，从而更好地评价农业保险在农户生产风险管理中的效果；另一方面，有助于进一步对现有"提升农业综合生产能力"背后的一揽子政策之间的相互关系作出科学评估。

本章构建了农业保险对农户投入影响的分析框架，并且采用四省粮食种植户的调研数据，以地块为研究对象，选取有机肥、农药为例，实证分析了农户参保行为对其投入行为的影响。我们选取调研中数据质量较好的有机肥和农药作为农户投入的衡量指标，主要出于以下四点考虑。

第一，有机肥和农药均是减少风险的投入要素。有机肥除能有效改良耕地质量外，还能改变农作物的抗旱、抗病虫害、抗倒伏等抗逆性，减少灾害发生时的损害（孙毅等，2002；邓文，2009）；农药投入能有效防治病虫草害，稳定农产品产量（纪月清等，2015）。这表明，有机肥和农药是抵御和分散生成风险的投入要素。需指出的是，本章并未选择化肥投入作为分析指标，原因是，虽适量施用化肥具有提升粮食产量的作用，但其并不具有分散自然风险的作用，与本章的研究内容不符。

第二，有机肥、农药是与特定地块相连的投入。为准确刻画参保行为对农户投入的影响，本章以地块为研究对象。具体原因是农作物保险标的物是特定地块上生长的作物，农户是否参保是针对地块的决策行为。同样，农户是否投入有机肥和农药也是针对地块的决策行为。与有机肥、农药不同，农业机械、生产工具等的投入是与特定地块不相连的投入，这类投入不能精确分解到地块层面；同样，劳动力作为一项重要投入要素，很难将其精确地分解到各生产环节，更难再将其精确分解到地块层面。

第三，有机肥、农药分别是一种长期投入和一种短期投入，能更好地反映粮食生产能力。已有研究表明，有机肥能有效改良土壤肥力，其肥力可持续 4～5 年，并且诸多研究选取有机肥作为农户长期投入的衡量指标（Jacoby et al.，2002；许庆、章元，2005；黄季焜、冀县卿，2012）。毫无疑问，农药属于一种短期的投入要素。选取有机肥、农药作为农户投入的衡量指标，可以分析参保行为对长期投入和短期投入的影响，从而更加全面地评价我国现行农业保险制度。

第四，有机肥、农药是农户自行选择的投入，能真实反映农户投入行为。灌溉、排涝等设施的投入也可用于分散风险，但它们一般在政府主导下进行，单个农户无法独立完成（许庆、章元，2005；陈铁、孟令杰，2007），类似的投入不能真实反映农户的投入行为。

综上几点考虑，为突出研究重点，实现目的，本章选取具有代表性的有机肥、农药作为分析对象，分析农业保险参保行为对农户投入行为的影响。

第二节 研究框架与数据来源

一、研究框架

本章的主要研究目的之一是分析参保行为对农户投入行为的影响机制，为此，我们在经济学理论和已有研究基础上构建农户参保行为对其投入行为影响的理论分析框架。

首先，在奎金（Quiggin，1992）和拉玛斯瓦米（Ramaswami，1993）等的研究基础上，本章建立了一个不确定条件下的农户生产模型。假定农户面临两种不确定的生产环境（k），即风险不发生的情况（$k=1$）和风险发生的情况（$k=2$），两种情况发生的概率为 p_k。农作物生产函数可定义为 $y=f_k(x)$，其中，y 为产出，x 代表投入，$f_k(x)$ 为不同生产环境下的产出。令 p 为产出品的单位价格，w 为投入品的单位价格。为简化分析，模型设定只有一种单一要素投入，多投入情况下并不影响模型的理论分析结果。

其次，为区分不同投入的类型，我们进一步借鉴奎金（Quiggin，1992）的相关定义：如果 $\frac{\partial f_1}{\partial x} \leqslant \frac{\partial f_2}{\partial x}$，即投入某种要素会导致发生灾害时的边际产量高于未发生灾害时的边际产量，那么定义该要素为"风险减少型"投入；如果 $\frac{\partial f_1}{\partial x} \geqslant \frac{\partial f_2}{\partial x} \geqslant 0$，即投入某种要素使发生灾害时的边际产量低于未发生灾害时的边际产量，且发生灾害时的边际产量仍高于零，将该种要素定义为"弱风险增加型"投入；如果 $\frac{\partial f_1}{\partial x} \geqslant \frac{\partial f_2}{\partial x}$，且 $\frac{\partial f_2}{\partial x} \leqslant 0$，将该种要素定义为"强风险增加型"投入。显然，后两种要素均属于"风险增加型"投入。

接下来，考虑没有农业保险的情况，此时，农户从事生产的目标函数为：

$$\max_x E(\pi) = \sum \left[p f_k(x) P_k \right] - wx \qquad (7.1)$$

其中，π 表示利润函数。实现生产目标最大化的均衡条件为：

$$E \left[\sum (p P_k \partial f_k / \partial x) - w \right] = 0 \qquad (7.2)$$

在购买保险的情况下，假设保险临界赔付产量为 y^*，保费为 c，当农户的粮食实际产量 y，低于临界赔付产量 y^* 时，农户可获得的保险公司赔付为 $\theta(y^* - y)$，θ 为赔付率，显然 $\theta > 0$。农户购买保险时的利润函数为：

$$\pi^* = \begin{cases} p f_1(x) - wx - c, & y \geqslant y^* \\ p f_2(x) + \theta(y^* - y) - wx - c, & y < y^* \end{cases} \qquad (7.3)$$

边际利润可表示为：

$$\partial \pi^* / \partial x = \begin{cases} p \partial f_1 / \partial x - w, & y \geqslant y^* \\ (p - \theta) \partial f_2 / \partial x - w, & y < y^* \end{cases} \qquad (7.4)$$

购买保险情况下，农户生产的目标函数可表示为：

$$\max_x E(\pi^*) = p P_1 f_1(x) + p P_2 f_2(x) + \theta P_2 \left[y^* - f_2(x) \right] - wx - c$$

$$(7.5)$$

此时，实现生产目标最大化时的均衡条件为：

$$E(\partial\pi^*/\partial x) = 0 \qquad (7.6)$$

如果投入是"强风险增加型"的，由式（7.2）、式（7.4）和式（7.6）可得：

$$E(\partial\pi^*/\partial x) \geqslant E(\partial\pi/\partial x) \qquad (7.7)[①]$$

相反，投入其他风险类型的要素，则有：

$$E(\partial\pi^*/\partial x) < E(\partial\pi/\partial x) \qquad (7.8)$$

上述模型推理表明，对农户而言，参保行为会影响农户的预期利润，从而改变其生产投入行为。具体的，相对于未参保农户，参保农户更倾向增加强风险增加型要素的投入，而减少"风险减少型"要素、"弱风险增加型"要素的投入。

上述分析对投入要素的讨论仍停留在理论层面，在现实中，投入要素类型的划分要根据其投入后给作物产量带来的实际影响而定。那么，有机肥、农药在理论及现实中究竟属于哪一类型投入？对于有机肥而言，大量研究表明，有机肥除能有效改良耕地质量外，还能改变农作物的抗旱、抗病虫害、抗倒伏等抗逆性，从而减少灾害发生时的损害（孙毅等，2002；邓文，2009），并且许多自然科学实验也已证实，在干旱、风灾、病虫害等灾害发生时，施用有机肥地块的亩均产量要明显高于未施有机肥地块的亩均产量（冯高等，1998；孙毅等，2002；邓文，2009；甘艳露等，2014），也就有 $\dfrac{\partial f_1}{\partial x} \leqslant \dfrac{\partial f_2}{\partial x}$，所以有机肥是一种"风险减少型"的投入。另外，当病虫害发生时，施用农药能有效抵御风险，保障农作物产量，同样满足 $\dfrac{\partial f_1}{\partial x} \leqslant \dfrac{\partial f_2}{\partial x}$，所以农药也属于"风险减少型"投入（Quiggin，1992）。对于农户而言，购买农业保险情况下投入有机肥、农药的预期收益要低于未购买保险情况下投入农药、有机肥的预期收益，符合式

---

① $E(\partial\pi^*/\partial x)$ 展开写为：$P_1(p\partial f_1/\partial x - w) + P_2[(p-\theta)\partial f_2/\partial x - w]$；$E(\partial\pi/\partial x)$ 展开写为：$P_1(p\partial f_1/\partial x - w) + P_2(p\partial f_2/\partial x - w)$。

（7.8）。所以，参保情况下农药和有机肥的投入水平要比未参保情况下的投入水平低。基于上述分析，提出以下研究假设。

H1：投保地块相对于未投保地块有机肥的施用概率会降低，即农业保险参保行为会抑制有机肥施用。

H2：投保地块相对于未投保地块农药的施用次数会降低，即农业保险参保行为会抑制农药施用。

二、数据来源

本章采用的数据来源于 2015 年对我国粮食种植户的一次入户调研。本次调研采用多阶段随机抽样方法，为使样本更具代表性，首先，在综合考虑地域因素、经济因素、粮食生产情况的基础上，选取黑龙江、河南、四川、浙江四省作为样本省；其次，在每个省中随机选取 4 个县作为样本县，每县选取 2 个乡镇，每个乡镇选取 2 个村，每个村选取约 16 户粮食种植户，经过整理，最终得到 1039 个样本农户。需指出，在每个样本县所获得的约 64 个样本中，按照经营面积的不同，采用不等比例分层抽样法。首先，根据统计年鉴资料，以及在当地政府部门了解到的信息，确定每个省的户均耕地面积；其次，将经营户均耕地面积三倍及以上的农户定义为规模户，三倍以下定位为小户，按照规模户与小户 3∶5 的比例抽取样本，每县得到规模户 24 户，小户 40 户。其中，24 户规模户又按照 3∶2∶1 的比例选取 12 户"经营户均面积 3 ~ 10 倍"的农户，8 户"经营户均面积 10 ~ 20 倍"的农户，4 户"经营户均面积 20 倍以上"的农户。

此次调研涵盖农户和村级两个层面的数据。农户数据包括两方面：一是家庭层面数据，主要有家庭人口特征、户主特征、家庭资产、信贷情况、农业保险参保情况等；二是地块层面数据，包括地块面积、肥力、产权与流转、投入产出、风险管理、投保情况等信息。村级数据来自对样本村村干部的调查，主要有村级地理、人口、经济、农业保险、土地流转等相关信息。

本章以地块为研究对象，此次调研获得有效地块数 1709 块。选取地块时按照一定原则，随机选取同一农户的一块自有地块和一块转入地块，对于只拥有一种类型地块的农户，只随机选取一个地块。1039 个样本农户中，同时拥有自有地、转入地的农户共 670 户，311 户只有自有地，58 户单纯租用土地从事农业生产。表 7 - 2 给出了样本地块 2014 年秋季作物种植情况，由于各省地理环境的不同粮食作物种类存在明显差异，总体样本中有 53.4% 的地块种植玉米，46.6% 的地块种植水稻。

表 7 - 2　　　　　　　　　样本地块 2014 年秋季作物种植情况

指标	总体	黑龙江	河南	四川
总样本地块（块）	1709	456	399	484
玉米种植地块数量（块）	913	336	399	178
水稻种植地块数量（块）	796	120	0	306
玉米种植地块比例（%）	53.4	73.7	100	36.8
水稻种植地块比例（%）	46.6	26.3	0	63.2

资料来源：笔者调研数据。

表 7 - 3 从农户和地块两方面统计了样本参保情况。从农户参保情况来看，总体样本粮食作物保险参保比例为 36%，地块参保比例为 35%，两者相差不大。各省农户和地块的参保比例也相差无异。然而，各省之间的参保情况存在明显差异，这与各地的自然环境、农业生产条件，以及各地农业保险推行情况密切相关。四川省农户参保比例达到 62%，明显超出其他三省，四川省是我国 2004 年试点农业保险的首批试点省份，并且法国安盟集团（现为中航安盟保险公司）在 2004 年就在四川开展了农业保险业务，在政府部门的推动下，四川省农业保险的发展居于全国领先水平。河南省位于我国中部平原，自然条件较好，是我国产粮大省，但河南省农业保险起步较晚，2008 年才列入国家政策性农业保险试点省份，并且发展相对缓慢，调研样本中参保比例仅 15%。黑龙江省、浙江省同样是我国农业保险首批试点省份，但两省采取的农业保险发展模式截然不同。黑龙江省的"相互制"模式和浙江省"共保体"模式是目前

我国农业保险发展的两种典型模式，两种模式促进了两省农业保险的快速发展。

表7-3　　　　　　　　2014年样本省参保情况　　　　　　单位：%

地区	农户参保比例	地块参保比例
总样本	36.02	35.63
黑龙江	27.11	26.32
浙江	39.42	45.68
河南	14.57	14.78
四川	61.17	53.92

资料来源：笔者调研数据。

第三节　模型设定与变量选择

为证实本文的研究假说，本章将采用调研数据，分别实证分析参保行为对有机肥及农药投入的影响，并对实证结果进行分析。首先，在已有研究的基础上构建计量模型，并对模型中可能存在的"自选择"问题进行讨论，并结合数据特征选择合理的估计方法；其次，对变量的选择及选择依据作出说明；最后，列出各模型估计结果，并对实证结果进行分析。

一、计量模型与估计方法

根据研究需要，将地块作为个体样本，从地块层面构建计量模型，分别估计参保决策对有机肥、农药投入的影响。被解释变量分别是地块是否使用有机肥、地块农药使用次数。解释变量中，除是否参保作为核心解释变量外，也控制了地块特征、农户特征，以及地区特征等可能影响有机肥施用的因素（许庆、章元，2005；邬亮亮等，2011；尹文静等，

2011；黄季焜、冀县卿，2012）。计量模型设定如下：

$$Y_{ij}^k = \alpha + \beta I_{ij} + \gamma_d D_{ij}^l + \delta_h H_{ij}^m + \theta_f V_{ij}^n + \mu_{ij} \tag{7.9}$$

其中，Y_{ij}^k 分别表示第 i 个农户在第 j 个地块上是否施用有机肥以及农药使用次数，I 是第 i 个农户在第 j 个地块是否参保的虚拟变量。D^l 代表一系列的地块特征变量，H^m 为一组农户特征变量，V^n 为地区虚拟变量，μ 代表不可观测因素。

在上述模型中，可能存在较为严重的"自选择"问题，导致回归结果有偏且不一致。具体而言，在有机肥方程中，质量较差的地块往往生产经营风险较高，更容易在受灾情况下出现产量下降，因此农户更倾向采用"风险减少型"要素，施用较多的有机肥，也更倾向通过采用保险工具降低损失风险；而对于质量较好的地块，农户则倾向减少甚至不施用有机肥，也倾向不参保，参保概率也随之降低。同样的，在农药方程中也存在"自选择"问题，对于病虫害高发的地块，农户更倾向于购买农业保险用于分散风险，同时倾向于使用较多农药；而对于病虫害发生率不高的地块，农户则倾向减少农药使用，也倾向不参保，参保概率也随之降低。这就导致参保和未参保两组农户的初始条件不完全相同，如果简单比较参保者与未参保者的有机肥施用情况，则会导致"选择偏差"，难以准确评价农户参与农业保险对有机肥施用的影响。

为解决自选择问题，本章使用倾向得分匹配方法（PSM）分析参保决策对农户有机肥施用的影响。该方法估计的基本思路是，在给定控制变量的情况下，计算个体选择进入处理组的条件概率，然后在处理组和控制组中分别选取条件概率相近的个体进行匹配，计算个体处理效应，最后以加权平均的方式将这些平均因果效应加总为总的因果效应（陈强，2014）。

二、变量设定

第一，被解释变量。本章分别研究参保行为对有机肥和农药投入的影响，选取"是否施用有机肥"和"农药施用次数"作为被解释变量。

其中，"是否施用有机肥"变量是虚拟变量，施用有机肥 $Y^1 = 1$，反之为0。由于各地施用的有机肥含水量不同，很难估计亩均的净投入量，为避免估计偏差，本模型未选择有机肥的亩均投入量作为被解释变量；"农药施用次数"变量取值为非负整数（$Y^2 = 0，1，2，\cdots$）。

第二，解释变量。"是否参保"（I）是本文的重要解释变量，也是匹配法中的处理变量，I 为虚拟变量（参保，$I = 1$，反之为0）。此外，模型中设定地块特征、农户特征和地区特征三类变量作为匹配变量。

地块特征（D）包含六个变量，分别为是否为转入地块、地块坡度、土壤类型、地块面积、种植作物种类、地块离家的距离。具体设定为：第一，是否为转入地块虚拟变量，自有地块为0，转入地块为1。该变量反映地权稳定性，自有土地相对于转入土地更稳定，农户可能更偏向于多投入。第二，地块坡度虚拟变量，平地为1，非平地为0。一般而言，平地质量高于坡地和其他类型地块，并且平地更适合耕作和机械化生产，进而影响投入行为。第三，关于土壤类型，分为沙土、黏土、壤土三类，设立黏土、壤土两个虚拟变量，以沙土为对照组。不同土壤类型在保水性、保肥性等方面存在差异，壤土与其他两类相比具有更好的保水性和保肥性，更适合农作物的生长。农户可能会根据不同的土壤类型作出投入决策。第四，地块面积也会影响农户投入行为，一般来讲，地块面积越大越适合规模化生产，农户往往更倾向于对大地块投入。第五，该地块种植作物的种类，不同作物具有不同的生理属性，从而农户针对不同作物采取不同的生产手段。第六，地块离家的距离变量，离家距离较远意味着较高的时间、体力投入，从而降低农户耕作意愿，农户也许会减少投入。

农户特征变量（H），具体包括户主受教育年限、户主务农年限、是否为规模户、非农收入比例和风险态度五个变量。本章虽以地块为研究对象，但作为投入行为决策主体的农户来说，其不同特征也会影响对农地的投入，因此控制了一组农户特征变量。

农户对待风险的态度，影响着农户在不确定情况下的投入行为。风险厌恶农户可能更倾向于增加"减少风险型"投入，减少"增加风险型"

投入，风险偏好农户与之相反。本章对风险态度的测量源于调研问卷中关于不同产量波动的粮食新品种选择问题，问题为"若你有种植新品种的计划，有以下两个不同的品种，你会选择哪种"，根据产量波动范围大小不同，答案分为三个等级，每个等级有两个选项 0 和 1。等级一：0 = 亩产 450 ~ 550 千克范围波动的品种，1 = 亩产 400 ~ 650 千克范围波动的品种；等级二：0 = 亩产 450 ~ 550 千克范围波动的品种，1 = 亩产 350 ~ 800 千克范围波动的品种；等级三：0 = 亩产 450 ~ 550 千克范围波动的品种，1 = 亩产 300 ~ 900 千克范围波动的品种，农户需对三个等级都作出选择。利用公式"风险态度 = 选择 1 的个数/3"来衡量农户风险态度，取值范围 0 ~ 1，风险态度等于 0 表示风险厌恶，等于 1 意味着风险偏好，其余介于两者之间。

地区虚拟变量（V），由于各省份在农业保险制度、技术推广等多方面存在差异，所以有必要控制省份虚拟变量，设置浙江虚拟变量、河南虚拟变量、四川虚拟变量，以黑龙江作为对照组。

模型中变量的描述统计分析如表 7 - 4 所示。

表 7 - 4　　　　　　　　　模型变量设定及描述统计分析

	变量名	设定/单位	均值	标准差	最小值	最大值
被解释 变量	是否施用有机肥	施用 =1，不施用 =0	0.3195	0.4664	0	1
	农药施用次数	次	3.388	1.9850	0	12
解释 变量	是否参保	购买 =1，未购买 =0	0.3563	0.4791	0	1
	是否为转入地块	转入地 =1，自有地 =0	0.4260	0.4946	0	1
	地块坡度	平地 =1，非平地 =0	0.8192	0.3850	0	1
	黏土土壤	黏土 =1，其他 =0	0.4190	0.4935	0	1
	壤土土壤	壤土 =1，其他 =0	0.3897	0.4878	0	1
	地块面积	亩	17.4666	69.2181	0.1	1750
	种植作物种类	水稻 =1，玉米 =0	0.4658	0.4989	0	1
	地块离家的距离	千米	0.9162	1.6241	0	25
	户主受教育年限	年	6.7680	3.0691	0	16
	户主务农年限	年	31.8613	13.7294	0	67
	是否为规模户	规模户 =1，小户 =0	0.4400	0.4965	0	1

续表

变量名		设定/单位	均值	标准差	最小值	最大值
解释变量	非农收入比例	%	0.4668	0.3403	0	99
	风险态度	风险偏好 =1，风险厌恶 =0，其余介于两者之间	0.4595	0.4512	0	1
	浙江虚拟变量	浙江省 =1，其他省 =0	0.2165	0.4120	0	1
	河南虚拟变量	河南省 =1，其他省 =0	0.2335	0.4232	0	1
	四川虚拟变量	四川省 =1，其他省 =0	0.2832	0.4507	0	1

第四节　农业保险的长期投入影响——有机肥

一、有机肥使用决策

为确保匹配的有效性，需对倾向得分匹配进行重叠性检验和平衡性检验。图 7 -1 呈现了倾向得分的共同取值范围，可以看出：绝大多数观

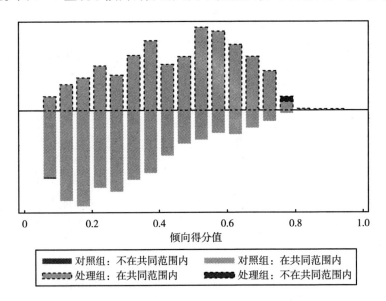

图 7 -1　倾向得分共同取值范围（有机肥）

资料来源：笔者根据调研数据计算整理。

测值均在共同范围内，说明在进行倾向得分匹配时，样本损失量少，处理组与对照组重叠性较好。表 7 – 5 给出了匹配变量平衡性检验结果，一般要求标准化偏差不超过 10%（陈强，2014）。如表 7 – 5 所示，匹配后所有匹配变量的标准化偏差均小于 10%，相对于匹配前的结果，多数变量的标准化偏差大幅度减小，说明匹配效果良好。并且所有变量 T 检验的结果均无法拒绝处理组和对照组无系统差异的原假设，通过平衡性检验。

表 7 – 5　　　　　　　　匹配变量平衡性检验结果（有机肥）

匹配变量		均值				T 检验	
		处理组	对照组	标准化偏差（%）	标准偏差减少幅度（%）	T 值	P 值
是否为转入地块	匹配前	0.4516	0.4118	8.0		1.59	0.1120
	匹配后	0.4500	0.4475	0.5	93.7	0.09	0.9310
地块坡度	匹配前	0.7636	0.8500	− 22.0		− 4.47	0.0000
	匹配后	0.7750	0.7629	3.1	86.0	0.50	0.6200
黏土土壤	匹配前	0.2841	0.4482	− 34.5		− 6.75	0.0000
	匹配后	0.2867	0.2833	0.7	98.0	0.13	0.8980
壤土土壤	匹配前	0.5419	0.3509	39.1		7.79	0.0000
	匹配后	0.5383	0.5288	2.0	95.0	0.33	0.7400
地块面积	匹配前	20.9420	15.5430	7.1		1.54	0.1230
	匹配后	17.6790	14.9770	3.5	50.0	0.73	0.4630
地块离家的距离	匹配前	0.9163	0.9162	0.0		0.00	0.9990
	匹配后	0.8780	0.8857	− 0.5	− 6253.8	− 0.08	0.9380
地块能否得到灌溉	匹配前	0.7488	0.7609	− 2.8		− 0.56	0.5760
	匹配后	0.7483	0.7325	3.7	− 30.4	0.63	0.5320
种植作物种类	匹配前	0.6191	0.3809	49.0		9.70	0.0000
	匹配后	0.6150	0.5933	4.5	90.9	0.77	0.4430
户主受教育年限	匹配前	6.5287	6.9005	− 11.9		− 2.40	0.0160
	匹配后	6.4967	6.6000	− 3.3	72.2	− 0.57	0.5710
户主务农年限	匹配前	31.8110	31.9210	− 0.8		− 0.16	0.8740
	匹配后	32.0450	31.8930	1.1	− 38.6	0.19	0.8480

续表

匹配变量		均值		标准化偏差（%）	标准偏差减少幅度（%）	T 检验	
		处理组	对照组			T 值	P 值
是否为规模户	匹配前	0.5205	0.3955	25.3		5.02	0.0000
	匹配后	0.5133	0.4808	6.6	74.0	1.13	0.2610
非农收入比例	匹配前	0.4396	0.4818	− 12.4		− 2.46	0.0140
	匹配后	0.4445	0.4517	− 2.1	82.9	− 0.37	0.7090
风险态度	匹配前	0.4778	0.4494	6.3		1.25	0.2120
	匹配后	0.4744	0.4794	− 1.1	82.4	− 0.19	0.8500
浙江虚拟变量	匹配前	0.2775	0.1827	22.6		4.58	0.0000
	匹配后	0.2783	0.2467	7.6	66.6	1.25	0.2130
河南虚拟变量	匹配前	0.0969	0.3091	− 54.7		− 10.23	0.0000
	匹配后	0.0983	0.0958	0.6	98.8	0.15	0.8840
四川虚拟变量	匹配前	0.4286	0.2027	50.1		10.22	0.0000
	匹配后	0.4250	0.4654	− 9.0	82.1	− 1.41	0.1590

本章使用常用的最近邻匹配法和核匹配法，并得到参保地块相应的平均处理效应（ATT）。ATT 值衡量了地块参保与未参保之间有机肥施用的差异。匹配过程损失少量样本，为克服匹配后产生的小样本偏误，本文进一步使用自助法（Bootstrap）求出标准误。结果显示（见表 7 – 6），最近邻匹配法和核匹配法两种方法获得的 ATT 均为负数，并均在 5% 的水平上统计显著。这说明在控制其他变量的情况下，参保地块有机肥施用概率低于未参保地块，即表明购买农业保险会使有机肥的施用概率降低，与未参保地块相比，参保地块有机肥施用概率低 5.5% ~ 7% 左右。验证了本章的研究假设 H1。

表 7 – 6   PSM 估计结果（有机肥）

结果变量 y_{ij}	匹配方法	ATT	Bootstrap 标准误	p 值
是否施用有机肥	最近邻匹配法	− 0.0708 **	0.0338	0.036
	核匹配法	− 0.0546 **	0.0236	0.021

注：＊、＊＊、＊＊＊分别表示 10%、5%、1% 的显著水平。

二、稳健性检验

我们进一步用 Probit 模型对上述估计结果进行稳健性检验。如前文讨论，农户针对地块的参保决策和使用有机肥的决策可能存在相关性。对土地质量差、生产风险相对较高的地块，农户可能更倾向于参保并施用有机肥，对于质量好的地块农户的选择可能与之相反。只要能够控制土地质量，也能部分解决模型"自选择"问题。因此，在 Probit 模型中加入地块肥力变量（差肥力 = -1，中等肥力 =0，好肥力 =1），再加上土壤类型、土地坡度等变量，能较好地控制土地质量，这样能以在一定程度上解决由"自选择"带来的估计偏误。

表 7 - 7 给出了 Probit 模型估计结果。模型总体拟合程度及运行情况良好。结果显示，参与农业保险的地块会降低在该地块上的有机肥使用概率，估计结果在 10% 的水平上统计显著。由平均边际效应可以看出，与未参保地块相比，参保地块有机肥施用的概率减少 3.7%，尽管略低于 PSM 的估计结果，但差异并不大。表明模型估计结果较为稳健。验证了本章的研究假设 H2。

其他控制变量的估计结果与预期和现实基本相符。估计结果显示，黏土地块和壤土地块有机肥施用率低于沙土地块，并且壤土地块有机肥施用率在 1% 水平上显著小于黏土地块，这是因为沙土质量低于黏土，黏土质量又低于壤土，为提升产量沙土地块更有必要投入有机肥；还可以看出，距离家越远的地块有机肥施用率越低，并且统计上显著，原因是离家越远会投入更多的时间和体力，从而降低农户投资意愿；"是否为转入地块"变量的系数均为负值，虽然结果不显著，但也能表明农户对转入地块的投资要少于自有地块，原因是自有地块产权更稳定，农户可能更偏向于多投入。

表 7 - 7　　　　　　　　　　Probit 估计结果（有机肥）

变量	系数	稳健标准误	P 值	平均边际效应
是否参保	- 0.1284 *	0.0773	0.0970	- 0.0368 *
是否为转入地块	- 0.0903	0.0723	0.2120	- 0.0259

变量	系数	稳健标准误	P 值	平均边际效应
地块坡度	0.0469	0.1004	0.6400	0.0135
黏土土壤	-0.1138	0.1041	0.2740	-0.0339
壤土土壤	-0.2668***	0.0970	0.0060	-0.0771***
地块面积	0.0010**	0.0005	0.0410	0.0003**
地块离家的距离	-0.0266*	0.0156	0.0880	-0.0076*
种植作物种类	-0.3959***	0.1225	0.0010	-0.1135***
户主受教育年限	-0.0045	0.0126	0.7240	-0.0013
户主务农年限	-0.0035	0.0030	0.2380	-0.0010
是否为规模户	0.0724	0.0749	0.3330	0.0208
非农收入比例	0.0429	0.1173	0.7140	0.0123
风险态度	0.0550	0.0767	0.4730	0.0158
浙江虚拟变量	0.3904***	0.1499	0.0090	0.1168***
河南虚拟变量	-0.5322***	0.1366	0.0000	-0.1065***
四川虚拟变量	1.4788***	0.1298	0.0000	0.5155***
常数项	-0.5811***	0.2075	0.0050	
准 R^2	0.1853			
观测值	1709			

注：*、**、***分别表示10%、5%、1%的显著水平；模型 Prob > chi2 为 0.0000；考虑到模型中可能存在异方差，模型均使用稳健标准误。

第五节　农业保险的短期投入影响——农药

一、农药使用量

先对倾向得分匹配进行重叠性检验和平衡性检验。图7-2给出了倾向得分的共同取值范围，可以看出：绝大多数观测值均在共同范围内，说明在进行倾向得分匹配时，样本损失量少，处理组与对照组重叠性较好。表7-8呈现了匹配变量平衡性检验结果，匹配后所有匹配变量的标准化偏差均小于10%，相对于匹配前的结果，多数变量的标准化偏差大幅减小，说明匹配效果良好。并且所有变量 T 检验的结果均无法拒绝处理组和对照组无系统差异的原假设，通过平衡性检验。

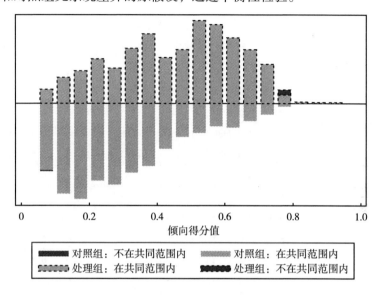

图 7 - 2　倾向得分共同取值范围（农药）

资料来源：笔者根据调研数据计算整理。

表 7 - 8　　　　　　　　匹配变量平衡性检验结果（农药）

匹配变量		均值		标准化偏差（%）	标准偏差减少幅度（%）	T 检验	
		处理组	对照组			T 值	P 值
是否为转入地块	匹配前	0.4516	0.4118	8		1.59	0.1120
	匹配后	0.4500	0.4442	1.2	85.3	0.20	0.8390
地块坡度	匹配前	0.7636	0.8500	−22		−4.47	0.0000
	匹配后	0.7750	0.7692	1.5	93.3	0.24	0.8100
黏土土壤	匹配前	0.2840	0.4482	−34.5		−6.75	0.0000
	匹配后	0.2867	0.2783	1.8	94.9	0.32	0.7490
壤土土壤	匹配前	0.5419	0.3509	39.1		7.79	0.0000
	匹配后	0.5383	0.5325	1.2	96.9	0.20	0.8400
地块面积	匹配前	20.9420	15.5430	7.1		1.54	0.1230
	匹配后	17.6790	14.5950	4	42.9	0.79	0.4290

续表

匹配变量		均值				T 检验	
		处理组	对照组	标准化偏差（%）	标准偏差减少幅度（%）	T 值	P 值
地块离家的距离	匹配前	0.9162	0.9162	0		0.00	0.9990
	匹配后	0.8780	0.8540	1.5	-19787.9	0.25	0.7990
地块能否得到灌溉	匹配前	0.7488	0.7609	-2.8		-0.56	0.5760
	匹配后	0.7483	0.7558	-1.7	38.2	-0.30	0.7640
种植作物种类	匹配前	0.6191	0.3809	49		9.70	0.0000
	匹配后	0.6150	0.6125	0.5	99	0.09	0.9290
户主受教育年限	匹配前	6.5287	6.9005	-11.9		-2.40	0.0160
	匹配后	6.4967	6.6071	-3.5	70.3	-0.10	0.5400
户主务农年限	匹配前	31.8110	31.9210	-0.8		-0.16	0.8740
	匹配后	32.0450	32.2830	-1.7	-117.2	-0.31	0.7600
是否为规模户	匹配前	0.5205	0.3954	25.3		5.02	0.0000
	匹配后	0.5133	0.4791	6.9	72.7	1.18	0.2370
非农收入比例	匹配前	0.4396	0.4818	-12.4		-2.46	0.0140
	匹配后	0.4445	0.46610	-6.6	46.6	-1.17	0.2420
风险态度	匹配前	0.4778	0.4494	6.3		1.25	0.2120
	匹配后	0.4744	0.4813	-1.5	75.6	-0.26	0.7920
浙江虚拟变量	匹配前	0.2775	0.1827	22.6		4.58	0.0000
	匹配后	0.2783	0.2608	4.2	81.5	0.68	0.4950
河南虚拟变量	匹配前	0.0969	0.3091	-54.7		-10.23	0.0000
	匹配后	0.0983	0.0917	1.7	96.9	0.39	0.6940
四川虚拟变量	匹配前	0.4286	0.2027	50.1		10.22	0.0000
	匹配后	0.4250	0.4625	-8.3	83.4	-1.31	0.1910

资料来源：笔者根据调研数据计算整理。

在此依旧使用最近邻匹配法和核匹配法，得到参保地块相应的平均处理效应（ATT）。ATT 值衡量了地块参保与未参保之间农药使用次数的差异。进一步使用自助法（Bootstrap）求出标准误。结果显示（见表7-9），最近邻匹配法和核匹配法两种方法获得的 ATT 均为负数，并均在 10% 的水平上统计显著。这说明在控制其他变量的情况下，参保地块农药的使用次数小于未参保地块，即表明购买农业保险会减少农药的使用次数，与未参保地块相比，参保地块农药使用次数低 0.25 次左右。验证了本章的研究假设 H2。

表 7 – 9 PSM 估计结果（农药）

结果变量 y_{ij}	匹配方法	ATT	Bootstrap 标准误	P 值
农药使用次数	最近邻匹配法	– 0.2967 *	0.1599	0.064
	核匹配法	– 0.2410 *	0.1244	0.053

注：* 表示 10% 的显著水平。
资料来源：笔者调研数据。

二、农药使用次数

我们进一步对估计结果进行稳健性检验。由于，"农药施用次数"变量的取值为非负整数（$Y = 0, 1, 2, \cdots$），属于计数数据，根据被解释变量的这一特征，选择泊松回归（Poisson regression）进行稳健性检验。如前文所述，对病虫害风险相对高发的地块，农户可能更倾向于参保并更多地使用农药，对于病虫害低发地块农户的选择可能与之相反。只要能够控制地块病虫害发生变量，也能部分解决模型"自选择"问题。因此，在 Poisson 模型中加入"上年是否发生病虫害"变量（发生 = 1，未发生 = 0），可以在一定程度上解决由"自选择"带来的估计偏误。

表 7 – 10 给出了 Poisson 估计结果。考虑到模型中可能存在异方差，本章模型估计均使用稳健标准误。从估计结果可看出模型总体运行情况及拟合程度较好。估计结果表明，是否参保变量平均边际效应均在 1% 的水平上显著。这与 PSM 的估计结果基本一致，同样验证了本章的研究假设 H2。其他控制变量的估计结果与预期和现实基本相符。估计结果显示，作物种类不同，农药的使用情况也不同，种植水稻的地块农药施用次数比种植玉米的地块多出约 1.3 次，并且在 1% 的水平上显著。这与我国的农药施用现状相符，水稻与其他粮食作物相比，生产过程中遭受的病虫害较多，农药的施用量也最多（杨益军，2015）。还可以看出，非农收入

占比越高，农药施用次数越多，并且统计上显著。这说明农户非农收入越多，可能有更多的资金投入到农业生产中。从省份虚拟变量的估计结果来看，浙江、河南两省的农药使用次数高于黑龙江，并且均在1%的水平上显著。相关统计数据显示，浙江、河南两省的农药使用量明显高于黑龙江，这表明方程估计结果与现实情况一致。

表 7-10   Poisson 估计结果（农药）

变量	系数	稳健标准误	P 值	平均边际效应
是否参保	-0.0721 ***	0.0242	0.0030	-0.2445 ***
是否为转入地块	-0.0015	0.0212	0.9440	-0.0050
地块坡度	0.0296	0.0331	0.3710	0.0995
黏土土壤	-0.0220	0.0293	0.4520	-0.0756
壤土土壤	-0.0360	0.0276	0.1920	-0.1229
地块面积	0.0001	0.0002	0.5100	0.0004
地块离家的距离	-0.0003	0.0074	0.9700	-0.0010
种植作物种类	0.3763 ***	0.0392	0.0000	1.2764 ***
上年是否发生病虫害	0.0243	0.0231	0.2940	0.0823
户主受教育年限	0.0036	0.0035	0.2980	0.0124
户主务农年限	0.0021 **	0.0008	0.0110	0.0073 **
是否为规模户	-0.0096	0.0209	0.6470	-0.0325
非农收入比例	0.1399 ***	0.0325	0.0000	0.4745 ***
风险态度	-0.0420 **	0.0223	0.0600	-0.1423 **
浙江虚拟变量	0.5845 ***	0.0465	0.0000	2.1669 ***
河南虚拟变量	0.1947 ***	0.0369	0.0000	0.5865 ***
四川虚拟变量	-0.0307	0.0451	0.4960	-0.0826
常数项	0.6877	0.0645	0.0000	
准 R^2	0.1853			
观测值	1709			

注：*、**、*** 分别表示10%、5%、1%的显著水平；所有模型的 Prob > chi2 都为 0.00。

第六节　结论与讨论

本章采用2015年四省1039户粮食种植户调研数据，基于地块层面数据，运用多种方法分析了农户参保行为对有机肥、农药投入的影响，以反映农业保险对我国粮食生产能力的影响。从本章的实证分析中，可以得出以下三点研究结论。

第一，农业保险能抑制农药的过度使用，有助于提升粮食生产能力。参保行为抑制了农药的投入，在一定程度上可以减少由过度使用农药带来的环境污染，提高耕地质量。农业农村部统计数据表明，我国农药使用量是世界平均水平的2.5倍，每年使用超过140万吨的农药，其中只有三成直接作用于目标生物体，七成进入土壤、水域和空气中，造成严重的面源污染。本章的研究结果表明参保行为能在一定程度上抑制农药的使用，这与我国倡导与推行的"农业清洁生产""农药零增长行动"政策的激励方向一致，有利于环境保护和农业的可持续发展，从而在长期提升粮食生产能力。

第二，农业保险不利于有机肥投入的增加，亟须重点关注。国家积极实施"藏粮于地"战略，鼓励通过增施有机肥和采用秸秆还田等技术改善农地质量。2008年中央财政开始安排土壤有机质提升专项经费，用于激励农户使用有机肥等提升耕地质量的投入。2016年政府对农业"三补贴政策"进行整合，将原有农资综合补贴资金的80%加上粮食直补和良种补贴资金，用于耕地地力保护。但是，本章的研究结果表明参保行为抑制了有机肥的使用，这与国家鼓励施用有机肥的政策激励方向不一致，从而可能对粮食综合生产能力和"藏粮于地"战略产生一定的负面影响，亟须重点关注，改革和完善农业保险政策。

第三，现行粮食作物保险保障水平偏低，道德风险的负面影响有限，但农业保险政策需要进一步完善。从实证模型的估计系数来看，参保行为使农药施用次数减少约0.8次，参保行为使有机肥施用概率降低3%～7%，意味着农业保险中道德风险的负面影响还较为有限。这可能与我国"低保障、广覆盖"的农业保险制度有关。尽管这一负面影响较为有限，但仍不可忽视，并且随着农业保险保障水平的不断提高，该影响可能会进一步加剧。因此，未来需要进一步完善农业保险政策，在提高风险保障水平的情况下，减少道德风险效应，弱化甚至杜绝农业保险对粮食生产能力的负面影响。

当然，农业保险中除存在道德风险效应外，还存在着风险保障效应（Ramaswami，1993），已有研究证明风险保障效应能促使农户投入更多"风险增加型"的投入（Horowitz & Lichtenberg，1993）。所以，总体上参保行为对农户投入以及粮食生产能力会带来怎样的影响，还需进一步深入且全面的研究。

（执笔：吕开宇、张崇尚、张姝）

第八章

中国粮食支持政策该向何处去？

——来自商品储备模型量化政策评估的证据

本章主要观点如下：

第一，取消托市会冲击市场稳定、农民收益和粮食安全，下调托市价格虽然有助于缓解制度约束、释放调控空间，但三大政策目标实现程度明显下降。

第二，取消托市、降低托市价格会不同程度冲击市场稳定、农民收益和粮食安全。直接用生产者补贴同等取代托市，财政成本仍然超出黄箱上限，如果试图通过降低补贴标准减少黄箱约束，将导致三大政策目标的风险同时出现。

第三，"托市＋生产者补贴"双层政策能够以黄箱限制内的成本维持可观的增产增收效果，同时会带来一定的市场波动。私人储备补贴高效率与低效果并存。

第四，托市政策具有优良的稳市效果，"托市＋生产者补贴"双层政策则在产量支撑、收入支撑上效果突出。

第五，建议未来不应贸然取消托市，改革取向也不应囿于非此即彼式的政策抉择，应建立多层次粮食支持体系，将生产者补贴常规化，收缩托市范围并将其后置，引入私人民间收储以强化效果、降低成本、培育市场，同时拓展保险、信贷等支持渠道。

第一节　引言

衣食足，仓廪实，天下安（韩俊，2013；程国强，2012）。粮食问题永远是人类生存与发展面临的首要问题。对于中国这样一个人口庞大、农业资源约束偏紧、工业化城镇化快速发展的发展中大国而言，粮食安全是社会稳定、经济发展和国家安全的重要基础（程国强，2012）。保障国家粮食安全是一个永恒的课题，粮食支持政策是粮食安全国家战略的核心抓手。2004年以来中国形成了以托市收储为主要特征的粮食支持政策，尽管托市曾经极大地提高了粮食保障能力，但2013年以后托市收储面临前所未有的挑战。持续托市刺激粮食产量连年增长，库存规模持续高企（贺伟、朱善利，2011；王士海、李先德，2012）；农业生产成本持续增加，收储调控空间遭"天花板""地板"双重胁迫，农民种粮积极性显著降低（李光泗、郑毓盛，2014；冯海发，2014）；粮食市场高度政策化（程国强，2012），市场风险加剧；国内外粮价倒挂加剧（詹琳、蒋和平，2015），中国农业支持力度不断逼近WTO黄箱上限，贸易制裁风险增加（程郁、叶兴庆，2017）。

目前，以托市收储为特征的粮食支持政策走到必须要改的紧要关头。尽管政府希望采取"稳框架、增弹性"的渐进式改革，但国际多边贸易争端已直接动摇托市根本。国内对托市收储改革持不同意见，陈锡文建议取消最低收购价政策[①]，叶兴庆认为有必要在尽可能长的时期内保留最低收购价政策框架（叶兴庆，2016；叶兴庆，2017），马晓河认为需要限制托市收购数量（马晓河，2017）。从托市的"同胞"政策—临时收储—改革的经验来看，两次改革走入了两个极端。棉花目标价格政策仍然

---

① 全国政协"推进粮食定价机制、补贴政策和收储制度改革"双周协商座谈会综述［EB/OL］.（2017－11－17）. http：//www.rmzxb.com.cn/c/2017－11－17/1872752.shtml.

"大包大揽"，并带来新的风险和财政成本（黄季焜等，2015），补贴总量仍迫近 WTO 上限。玉米"市场化收购＋补贴"政策尽管有助于恢复市场机制，但农民完全暴露在市场风险下，种粮积极性遭到打击，出现大户跑路、小户撂荒现象。在口粮应用场景下，过去两次改革经验不仅可能难以缓解多边贸易争议，而且会带来更大的粮食安全风险。

国内关于改革方向的提议多囿于目标价格、取消托市等现有改革经验，也多陷入"非此即彼"式的政策抉择，缺乏对新改革方案的探索，也缺乏政策间协调配合的融通思考。关于改革以后可能带来的影响评估方面，国内研究主要基于经验判断和逻辑推演。对可能的政策效果和改革风险仅给出一个笼统的主观判断，难以将政策效应从纷繁复杂的经济关系中抽离出来，判断结果不够精确和量化。部分学者采用简单的供求曲线分析福利变化，这样的分析方法不仅在更为贴合实际的动态背景下不成立（Wright，1993；普蓂喆、郑风田，2016），而且无法直观刻画价格、种粮收益、财政成本、粮食安全等政策指标，缺乏实际指导意义。个别学者采用 PEATSim 等模型进行了探索（曹慧等，2017），主要探讨最低收购价内部调整，将尚未探讨托市被取消或者被其他政策取代的可能性。

本章借鉴赖特和威廉（Wright & William）经典商品储备模型的基本框架和研究经验，根据国内外改革经验提出多个改革方案并进行多维评估。先分别对单个改革方案开展纵向评估，分析不同调整程度下的可能后果和进一步的调整空间。然后对多类改革方案进行横向比较，分析不同改革措施实现政策目标的程度差异，进而根据中国改革需求，提出未来改革取向。

第二节　政策调整取向：国内讨论与国际经验

托市收储政策也是长久以来古代中国粮食收储思想的延续。人类社会自古就有建立粮食储备以调节市场余缺的传统。西汉时期"常平仓"即是利用政府公开市场操作稳定市场波动。20 世纪 20~30 年代，罗斯福新政借鉴中国"常平仓"思想构建农业支持体系，至今仍是美国安全网的基础。其实，世界主要国家粮食支持政策的雏形，大多以托市收储为主。由于各国资源禀赋、财政收入等横向国别差异，或是本国经济社会发展纵向演变，托市收储的形式及其在农业支持政策中的比重发生了变化，或被其他政策取代，大致可分为四类来讨论。

一、托市收储及其变形

托市收储是最传统的市场稳定手段。其本质是利用政府公开市场操作和政府缓冲储备，调节市场供求，进而稳定市场。托市本身最大的作用是稳市，也通过稳定市场预期，带来稳定农民收益、稳定生产、保证粮食稳定供应等溢出效应。缓冲储备伴随政府公开市场操作产生，成为调剂市场余缺的"蓄水池"，可备不时之需。总体来看，托市收储能带来较大的市场稳定和粮食安全程度，成为最经典的农业支持政策。

在该类政策执行过程中，美国、欧盟、日本等国家和地区也经历了库存高企、政府负担增加、市场扭曲的阶段，进而催生一系列调整措施。一类措施是政府与私人合作储备，以投资或者补贴私人储备设施的方式，保持对私人储备的控制权，把政府储备能力转移到私人手中。例如，美国给农场主提供设施信贷、实行仓储法案，法国以粮食管理局为担保，为私人粮商提供仓库建设低息贷款等。另一类措施是以信贷方式"改造"，通过拉开贷款支付时序，把生产者置于市场环境中，增强其市场营销能力，例如美国的营销援助贷款和泰国的稻谷典押计划（钟钰等，2014）。最后是收缩托市范围，通过降低托市价格、限定托市品种、减少托市总量来减少市场干预（普蕈喆等，2017）。

中国目前对口粮托市的改革思路是"稳框架，增弹性"[①]。叶兴庆

---

① 2017 年《中共中央 国务院关于深入推进农业供给侧结构性改革加快培育农业农村发展新动能的若干意见》指明了最低收购价政策的改革取向，即要"深化粮食等重要农产品价格形成机制和收储制度改革，坚持并完善稻谷、小麦最低收购价政策"。2017 年 11 月 11 日国家发展改革委《关于全面深化价格机制改革的意见》进一步明确"要稳定最低收购价政策框架，增强政策灵活性和弹性，分品种施策，分步骤实施"。

（2016，2017）和柯炳生（2017）等认为有必要在尽可能长的时期内保留最低收购价政策框架。马晓河（2017）建议可以限制收购数量。2018年稻谷最低收购价执行预案就大幅下调了最低收购价格，并延迟了托市启动时间、提高了托市启动条件，均是收缩托市收储范围的调整策略。

二、生产者补贴

各国收缩托市范围以后，大多采取生产者补贴措施，支持农业生产。生产者补贴的本质是收入补贴，主要为了增加农业种植收入，稳定农业生产，进而稳定供给。这一类政策最大的好处，是把农户支持与储备、价格分离，不直接干预市场价格形成。

政策实际操作中，生产者补贴根据补贴标准的差异分为多种形式。第一类是以价格为基准的价格补贴。美国有差额支付政策，补贴目标价格与实际卖出价之间的差额。中国政府也借鉴了目标价格的政策思路，改革棉花临时收储政策。第二类是以收入为基准的收入补贴。美国过去有平均作物收入选择补贴，在2014年美国农业法案之后，新设立了价格损失保险计划、农业风险保障计划。但是以上两种补贴多少会受到WTO贸易制裁限制，很多发达国家采取第三类补贴措施，生态环境补贴。例如，欧盟超过30%的农业支持政策以环境保护为目标。

虽然没有直接干预价格，但目标价格仍提高了生产者预期，带来一定市场扭曲。大多补贴政策仍然是WTO限制的黄箱政策，未来调整空间比较有限。黄季焜等（2015）在考察了中国新疆棉花目标价格执行情况以后提醒，应慎重推行目标价格政策，实施产品不宜过多。杜鹰（2017）提出针对东北玉米可以执行黑土地补贴政策，以土地为主要补贴对象，从而与价格直接脱钩。

三、混合型政策

实际上，现实中最常见的还是两种或者多种支持策略的组合。从发达国家的经验来看，一般不会只有一个政策来实现农业政策的多个目标。多重政策的好处在于，多个政策分工明确、目的突出，自由组合、灵活性大，政策调整空间大，有助于降低财政成本，规避 WTO 贸易上限。其中托市收储政策一般发挥兜底作用，起到稳定经济大环境的目的。然后是补贴政策，起到保护农民种植积极性的目的。两者促进粮食市场稳定，保证充足供应，进而保证国家粮食安全。

以美国为例，营销援助贷款和目标价格只是美国农业安全网中的一部分。从政策分工的角度来看，营销援助贷款更多的是有成本补偿，目标价格政策则是收入补偿。目标价格补贴覆盖目标价格之下贷款率之上的部分，而当市场价格下跌到贷款率以下时，由商品信贷托底。商品信贷是目标价格政策乃至整个美国农业支持政策的基础，目标价格在商品信贷的基础上补充并加强了政策支持力度（普冀喆等，2017）。韩国是目标价格、公共储备和贸易措施的结合。韩国《大米收入保全保障法》设定目标价格，如市场价格低于目标价格，政府将向农户补贴差额的85%。同时引入公共储备制度，如果释放储备仍不能稳定价格，可采取增加市场最低准入量和关税配额的方式稳定价格（中国农业代表团，2008）。

中国目前的改革措施多为针对一种农产品实行单一政策。但中国小农户与大市场衔接还不顺畅，在市场波动日渐增大的背景下，杜鹰（2017）认为补贴不足以稳定生产，有必要保留价格托底政策，并考虑价格支持与补贴政策相结合。不能简单地把保护价收购改成对农民的直接补贴，而应该构建一个由直接补贴（固定补贴）、价格支持（不固定补贴）和生产补贴等构成的完整的政策体系（李成贵，2004）。以当前改革为例，形成粮食的市场价格、目标价格和最低保护价格"三元"价格体系是较为合理的（詹琳、蒋和平，2015）。

四、私人储备补贴

补贴私人储备是国外政府常用和学界广泛关注的一种政策。这一政策的思路是通过补贴私人储备，调动私人储备积极性，增加私人收储规模。利用私人收储低买高卖的特征，增强市场抗波动能力。政府通过增减补贴，控制私人收储轮入轮出，以达到调控目的。可见，私人储备补贴主要侧重市场稳定。

欧美等发达国家普遍采用私人储备补贴政策，通过合作经营的方式控制政府储备成本，并加强对私人储备的控制力。美国商品信贷公司为自行储粮的农场提供长达 10 年的仓储设施贷款。在 1996 年被废止以后，美国农业部专门出台了设施信贷项目，专门支持农场储备设施建设（普蕙喆等，2017）。欧盟的补贴则更为直接，如果需要企业增加储备数量，欧盟农业补贴委员会对这一部分"临时储备"会给予必要的储备费用和利息补贴。法国每吨粮食每增加储存期一个月另加价 6 法郎，鼓励其储备。通过这种按月加价的方式，鼓励农场和仓储运营商在合理期间内自储粮食（刘敏芳、席美丽，2005）。

中国社会历来有储备的传统，但这一传统受生活方式改变、政策刺激等原因逐渐消失。高库存背景下，政府近年来有意鼓励增加社会性储备。2017 年《中共中央 国务院关于深入推进农业供给侧机构性改革加快培育农业农村发展新动能的若干意见》指出，"支持家庭农场、农民合作社科学储粮"。2018 年稻谷和小麦最低收购价执行预案明确增加，"当市场收购价格回升到最低收购价水平以上时，要及时停止预案实施，充分发挥市场机制作用，支持各类企业积极开展市场化收购"。在中国的大背景下，私人储备能否作为有效的调控工具，还需要进一步分析。

不同调整策略的作用机制不同，重点也有明显偏重。这些调整策略在中国口粮上的效果如何，现有研究还无法回答。且政策实验成本之高、代价之大，也没有哪个国家和地区能够承受。借鉴国外商品储备模型的分析思路，利用模拟的方式进行事前评估，就显得尤为必要。以上四种经过国外实践检验的调整策略，均可纳入分析，检验其在中国背景下可能的政策效应。

第三节　模型构建、模拟策略与评估方案

一、口粮市场基准模型

中国政府对口粮自给率的要求在95%以上[①]，加上有严格的进口配额限制，国际市场的冲击较小（潘苏、熊启泉，2011），考虑简化为封闭市场。市场中包含消费者、生产者和储备者三大主体。首先考虑没有政府干预的自由市场，假设在第 t 期，整个市场需求量为 Q_t，Q_t 是当前价格 P_t 的减函数，则：

$$Q_t = D(P_t) \qquad (8.1)$$

第 t 期的计划粮食产量为 $\bar{H}_t$，受天气等不确定因素 v_t 的影响，第 t 期真正实现的产量会有波动，假设不确定因素的影响是倍乘形式，则实现的产量可以表示为：

$$H_t = \bar{H}_t(1 + v_t) \qquad (8.2)$$

假设粮食生产者是理性的，会根据市场价格调整种植行为[②]。沿用赖特和威廉的设定，生产行为取决于生产者的生产者激励价格 P_t^r，具体形式表示如下[③]：

$$P_t^r = \frac{\partial E_{t-1}(R_t)}{\partial \bar{H}_t} = \frac{\partial E_{t-1}(H_t \cdot P_t)}{\partial \bar{H}_t} = \frac{\partial E_{t-1}\left[(1 + v_t) \cdot \bar{H}_t \cdot P_t\right]}{\partial \bar{H}_t}$$

$$= E_{t-1}\left[(1 + v_t)P_t\right] \qquad (8.3)$$

[①] 党的十九大报告中指出，"确保国家粮食安全，把中国人的饭碗牢牢端在自己手中"。

[②] 商品储备模型早期出于简化计算的目的，假设生产没有供给反应，这样的假设极大简化了计算过程，但对中国可能是不适用的。2004 年以后的最低收购价和临时收储制度鼓励了农民进行粮食生产，提高了粮食产量。当东北大豆价格低迷时，农户选择种植更多的玉米以获得更高收入。这些说明，中国的粮食生产行为并不是零弹性，生产者仍然会对价格作出反应。

[③] 生产者激励价格的具体形式等于生产者预期收益对计划产量 $\bar{H}_t$ 求偏导。

从式（8.3）可以看出，生产者激励价格与价格的期望的主要区别在于，生产者激励价格把随机干扰因素的影响考虑在内。代入式（8.2）可以得到：

$$H_t = \bar{H}_t(P_t^r) \cdot (1 + v_t) \tag{8.4}$$

没有政府干预下，政府不会形成公共储备。社会上的储备主要是私人储备者。赚取价格时间差性质的储备在中国广泛存在，是粮食市场价格形成中的重要一环。此类储备主体是追求利润最大化的主体，假设储备者在第 t 期预估下一期的价格为 $E_t[P_{t+1}]$，预期（$t+1$）期把储备卖出去之后的净利润为 $E_t[\pi_{t+1}]$，则

$$E_t[\pi_{t+1}] = \frac{(1-de)E_t[P_{t+1}]}{1+r} \cdot S_t - P_t S_t - k S_t \tag{8.5}$$

其中，S_t 表示储备者在第 t 期的储备量，建立储备需要支付收购成本 $P_t S_t$ 和贮藏的物质成本 $k S_t$，k 表示单位储备的贮藏成本。到（$t+1$）期，储备会有一定程度损耗，损耗比例表示为 de，此外储备者还需要付出资金成本，r 表示利率。只有当未来预期收益的现值，减去所有成本，净利润为正，储备者才会进行储备。求式（8.3）的一阶最大化条件得到：

$$\frac{\partial E_t[\pi_{t+1}]}{\partial S_t} = \frac{(1-de)E_t[P_{t+1}]}{1+r} - P_t - k = 0 \tag{8.6}$$

进而可以得到储备者的跨期套利条件为式（8.7）。当价格预期较高、储备粮食有利可图时，储备者开始储备并不断增加储备量，直到预期储备利润完全消失；如果预期利润为负，不会存在私人储备。在第 t 期市场上，小麦的可供给量 A_t 由当期生产量和上一期储备量决定，需求量由当期消费数量和私人储备量决定。供给和需求相等构成小麦市场出清条件。

$$\frac{(1-de)E_t[P_{t+1}]}{1+r} - P_t - k = 0, \quad S_t > 0$$

$$\frac{(1-de)E_t[P_{t+1}]}{1+r} - P_t - k < 0, \quad S_t = 0 \tag{8.7}$$

$$A_t = H_t + S_{t-1} = Q_t + S_t \tag{8.8}$$

式（8.1）、式（8.4）、式（8.7）和式（8.8）共同构成简化的口粮市场局部均衡模型。由于兼具储备的动态特征和天气等随机干扰因素的

随机特征，该问题的求解实际上是一个随机动态规划问题。

二、改革策略及模型调整

根据改革措施调整基础模型，得到改革后的市场模型，其对应的随机动态规划问题相应调整。

策略1：下调托市价格或者取消托市。降低托市价格是各国托市政策调整的普遍趋势。很多国家托市水平的设置，仅考虑"保成本"而非"保收益"。中国托市"稳框架、增弹性"的第一个改革措施就是调低托市价格。2018年中国小麦托市价格下降0.06分/千克（降幅约2.5%），粳稻托市价格下降0.4元/千克（降幅约13.3%）。可以考虑设置不同的托市价格下调标准，分析其政策效应。

策略2：补贴生产者。生产者补贴有多种形式，中国政府在玉米上实行的补贴相当于面积补贴，对棉花和大豆上试点的目标价格政策相当于产量补贴。可以考虑分析生产者补贴在口粮上的适用性。为了便于与托市政策比较，模型设置采取按产量补贴的形式。可以根据上一部分的托市价格水平设定生产者补贴的额度，相当于托市价格与市场价格的差。

策略3："托市+生产者补贴"。不同政策组合或许可将各政策优势也组合起来，多个政策组合使用是主要国家农业支持政策的主要经验。在这种思路指导下，增加"托市+生产者补贴"双层政策的设置。两类政策启动标准是两个重要的价格标准，一个是生产者补贴标准，一个是托市价格。当市场价格低于生产者补贴标准、高于托市价格，则启动生产者补贴；当市场价格低于托市价格，先用托市将农户获得的价格抬到托市水平，再用生产者价格作为补充。为了便于比较，生产者补贴仍采用按产量补贴的形式。

策略4：补贴私人储备。私人储备补贴在国外广泛使用，中央也提出鼓励多种主体收购、家庭农场等新主体进行储备。从实践上和理论上对其进行研究都有价值。补贴私人储备是给其储备成本一个补偿。

三、模型求解与模拟策略

（一）参数赋值与校准

按照以往研究惯例，只研究某一粮食品种。本章以小麦市场作为建模对象，原因有以下三个：第一，小麦是中国两大口粮之一，常年播种面积和产量分别占粮食总量的 25% 和 22% 左右，几乎每一次粮食价格改革都会涉及小麦。第二，小麦的耕作制度较为简单，多为一年一季，便于定量分析其生产行为。第三，小麦自给率比较高，维持在 90% 以上。

模型中最关键的参数是供给和需求弹性。本文估计得到的小麦短期供给弹性在 0.3 左右，在 1% 的水平上显著；小麦的需求价格弹性为 -0.128，在 1% 的水平上显著。模型中还包含大量的其他参数，借鉴比格曼（Bigman）的做法，把没有储备下的自由市场的均衡价格和均衡产量均设置为 100。假设小麦需求和供给函数是指数形式，已知小麦需求和供给弹性，可以求得需求和供给函数。其他指标借鉴以往研究经验，结合中国现实情况相应折算。赋值后运行基础模型、调整部分参数，校准后得到的参数如表 8-1 所示。

表 8-1　　　　　　　　　模型参数取值

参数	参数含义	取值
η_S	供给弹性	0.3
η_D	需求弹性	-0.128
r	利率	5%
k	存储成本	8[①]
de	储备一年损耗率	0.20%[②]
P_f	现行托市价格	94[③]
w	单产	1
v	天气等随机因素影响	$v \sim Norm\ (0,\ 0.1)$

注：① 根据 2017 年笔者调研数据设定存储成本。
② 损耗率根据国家粮食和物资储备局《粮油仓储管理办法》附件《关于粮油储存损耗处理办法的规定》设置，其中原粮储存半年以上一年以内的自然损耗率不能超过 0.15%、一年以上不超过 0.20%，这里假设公共和私人储备成本相同，考虑到私人储备设施一般不如国库，将损耗率设定为 0.20%。
③ 经由 Matlab 计算数值解，并用 Monte Carlo 模拟运行 30 年以后，得到基准模型达到均衡时候的市场价格大约为 99，根据比例差额，把托市收购的市场价格设置为 94。

需要注意以下几点：第一，小麦弹性估计基于面积数据，这里需要对单产进行设置，为了能使初始均衡产量维持在100，把单产标准化为1，另外假设天气等随机扰动的影响服从均值为0、标准差为0.1的正态分布。第二，对托市价格的设置，根据2017年全年Wind数据库中小麦收购价格数据求得2017年小麦平均收购价为2498.85元/吨，大约相当于每千克2.5元，同年小麦的最低收购价为每千克2.36元，大约比市场均价低5.6%。根据这个比例设定托市价格。

（二）模型优化及数值求解

文中5个模型分别对应5个随机动态优化问题。随机动态优化问题的求解思路是Bellman最优化定律，求解最优的储备准则 $S_t(A_t)$、最优生产准则 $\bar{H}_t(A_t)$。计算参照赖特和威廉的多项式近似法，采用Matlab数值算法通过递归实现。

（三）数值模拟及效应评估

基于各模型的最优行为准则，可进一步用数值模拟方法模拟未来市场。对每一种政策状态计算到第30期，相当于市场连续运行30年，重复1000次，得到1000个模拟序列、30000个市场状态，即该改革政策的市场表现。

得到市场表现后可以进行政策效应评价，本章将效应评价分为2类共5个指标。一类为粮食收储政策基本目标，市场稳定、农民保护和粮食安全（厉为民、黎淑英，1987）。另一类为制度约束，考虑执行成本和WTO黄箱限制。指标设置方式如下。

第一，市场稳定程度，用市场价格水平和价格的变异系数分别衡量，价格的变异系数越大，市场越不稳定，风险越大。第二，农民保护程度，用农户大门价格和种粮收益水平来衡量，考虑到收益波动对农民福利的影响，进一步增加农户大门价格的变异系数和种粮收益的变异系数指标。第三，粮食安全程度，分别采用粮食产量和粮食安全系数来衡量分析粮食安全的效果，借鉴Bigman的研究，将粮食安全系数定义为市场总供应量不低于自由市场均衡情况下市场总供应量95%的概率①。第四，财政成本，政府储备规模衡量政府的实物成本，财政支出衡量货币成本。第五，WTO黄箱限制，用政策财政成本与当年总产值之比表示。

第四节 改革方案的政策效应评估

基准组为2017年的托市水平（托市价格为2.36元/千克），此时市场长期均衡价格和产量均高于初始值，说明托市政策确实起到价格支持和刺激生产的作用。市场价格波动的变异系数为0.31，农民收入变异系数为0.25，托市显著提高了种粮收益的稳定性。粮食安全系数在95%，满足口粮基本自给的要求。政府储备规模是私人的3.7倍，此时政府支持总量与产值之比高达34.1%，远超WTO规定的8.5%。

一、策略1：调低托市价格/取消托市

下调托市价格虽然有助于缓解制度约束、释放调控空间，但三大政策目标实现程度明显下降，对农民收益影响较大。以托市价格下调15%为例，相当于托市价格降低为2.00元/千克，是以往调研中农民普遍反映打算放弃种植的临界价格。此时政府储备与私人储备之比下降到0.31，财政成本大幅下降84.25%，补贴总量与产值之比下降到5.6%，在WTO黄箱约束范围内。但市场价格降低3.43%，价格波动系数增加12.90%。农民收益水平降低4.17%，收益波动系数增加8%。产量减少0.20%，粮食安全系数下降为89%（见表8-2）。

表 8 - 2   不同托市改革政策的政策效应评估：以 2017 年托市为基准

政策效应评价		2017 年托市	下调3%	下调5%	下调10%	下调15%	下调20%	下调25%	取消托市
		（1）	（2）	（3）	（4）	（5）	（6）	（7）	（8）
市场稳定	市场价格均值	100.80	-1.31	-1.99	-3.05	-3.43	-3.38	-3.13	-1.71
	市场价格 CV	0.31	0.01	0.01	0.03	0.04	0.05	0.06	0.11
农民保护	农户价格均值	100.80	-1.31	-1.99	-3.05	-3.43	-3.38	-3.13	-1.71
	农户价格 CV	0.31	0.01	0.01	0.03	0.04	0.05	0.06	0.11
	农户收益均值	10202.68	-149.79	-228.28	-361.16	-425.94	-448.09	-447.94	-389.04
	农户收益 CV	0.25	0.00	0.01	0.01	0.02	0.02	0.03	0.06
粮食安全	产量均值	101.80	-0.07	-0.09	-0.14	-0.20	-0.29	-0.37	-0.61
	粮食安全系数	0.95	-0.01	-0.01	-0.03	-0.06	-0.09	-0.12	-0.24
财政支出	私人储备均值	9.27	2.79	4.67	8.69	11.03	11.52	10.78	6.46
	公共储备均值	34.32	-7.77	-12.39	-21.77	-28.05	-31.60	-33.31	—
	财政成本	3500.58	-867.62	-1367.01	-2338.69	-2949.09	-3274.07	-3421.62	—
黄箱限制	WTO 黄箱限制	34.1%	26.0%	21.2%	11.7%	5.6%	2.3%	0.8%	—

注：1. 此表一共包含 8 组模拟结果。

2. 基准组为 2017 年托市，其余各列中市场稳定、农民保护、粮食安全和财政支出指标中列出的正值或负值为相对基准组求出的变化量。

3. 为了便于与 WTO 黄箱规定的 8.5% 比较，黄箱限制指标中的值为实际值，非变化值，且仅保留一位小数点。

资料来源：根据模拟结果整理而得。

取消托市完全释放了制度空间，但也将市场置于大幅波动和减产的风险下。取消托市后市场波动系数增加 35.48%，农民不仅要承受收益下降 3.81% 的损失，还要承受收益波动增加 24.00% 的风险。受价格下跌和波动的影响，产量下降 0.60%，粮食安全系数下降到 71%。在现实情况中，取消托市带来的市场预期可能会加剧减产和波动效应。玉米取消临储以后，局部地区市场价格减半，农民退租弃耕情况时有发生，口粮领域如果发生类似情况，将严重打击农民种粮积极性。

值得注意的是，取消托市对市场价格和农民收益的负面影响，比大幅调低托市价格要小一些。这看上去似乎与常识相悖，但实际上反映了政策扭曲市场的长期效应。威廉和赖特（Williams & Wrigh）认为不论托市价格下调了多少，托市认为会给农民相对稳定的预期，农民有增加产量倾向，导致实际产量仍会高于自由市场下的产量，所以市场价格比自由市场要低。增产程度难以抵消价格下跌程度，导致农民收益从长期上来看是下降趋势。取消托市以后产量随之下降，市场可供应量减少在一定程度上抑制了价格下跌程度，从长期上来看市场价格和收益下降程度反而较小。加上干预取消以后市场波动恢复，部分农户还可以从高价格中获益。

二、策略 2：补贴生产者

如果以生产者补贴取代托市，政策效果会如何？如果补贴力度与2017 年托市水平相当 [见表 8 - 3 第（2）列]，能够确保粮食产量和农民收入稳中有增，显著节约财政，但补贴额度仍远高于黄箱限制。农户价格下降 2.72%，但产量在补贴刺激下增长 3.40%，综合来看农民收入增加 0.47%，农民收益波动变化不大。财政成本比托市降低 32.89%，政府负担能得到有效缓解。生产者补贴不直接干预价格，但其间接影响不可忽视。由于产量持续增长，市场价格降幅达 25.05%，市场波动程度也增加 58.06%。较低的市场价格与农民收入间的差额完全由财政负担，政府补贴与总产值之比仍高达 29.5%，远高于 WTO 黄箱上限，贸易争端不可避免。生产者补贴实现了"价储"分离，直接影响价格形成的因素被剥离。然而政策在生产环节的引导作用依然很强，结果导致生产过剩、价格下降，反过来又需要政府强势补贴介入。所以，直接用生产者补贴替代并未实现真正的市场化。

表 8 − 3 　　　　　生产者补贴的政策效应评估：以 2017 年托市为基准

政策效应评价		2017 年托市	生产者补贴取代	下调3%	下调5%	下调10%	下调15%	下调20%	下调25%
		（1）	（2）	（3）	（4）	（5）	（6）	（7）	（8）
市场稳定	市场价格均值	100.80	− 25.25	− 23.33	− 22.05	− 18.84	− 15.68	− 12.62	− 9.67
	市场价格 CV	0.31	0.18	0.17	0.16	0.15	0.13	0.12	0.12
农民保护	农户价格均值	100.80	− 2.74	− 4.80	− 6.04	− 8.47	− 9.75	− 9.74	− 8.55
	农户价格 CV	0.31	0.01	0.02	0.03	0.05	0.07	0.09	0.10
	农户收益均值	10202.68	47.85	− 214.78	− 374.56	− 705.58	− 915.59	− 988.49	− 932.25
	农户收益 CV	0.25	− 0.01	0.00	0.00	0.02	0.03	0.05	0.05
粮食安全	产量均值	101.80	3.46	3.07	2.81	2.20	1.62	1.09	0.60
	粮食安全系数	0.95	− 0.04	− 0.04	− 0.05	− 0.07	− 0.09	− 0.12	− 0.15
财政成本	私人储备均值	9.27	15.33	14.57	14.07	12.82	11.60	10.44	9.36
	公共储备均值	34.32	—	—	—	—	—	—	—
	财政成本	3500.58	− 1151.38	− 1576.90	− 1844.09	− 2437.20	− 2898.43	− 3211.86	− 3388.93
黄箱限制	WTO 黄箱限制	34.1%	29.5%	23.7%	20.1%	12.5%	6.8%	3.2%	1.2%

注：1. 此表一共包含 8 组模拟结果。

　　2. 基准组为 2017 年托市，其余各列中市场稳定、农民保护、粮食安全和财政支出指标中列出的正值或负值为相对基准组求出的变化量。

　　3. 为了便于与 WTO 黄箱规定的 8.5% 比较，黄箱限制指标中的值为实际值，非变化值，且仅保留一位小数。

资料来源：根据模拟结果整理而得。

　　相较托市，生产者补贴对产量有持续有效刺激，一旦补贴力度下降，农民收益将迅速恶化。如果希望通过较低的生产者补贴来替代托市政策，将同时威胁市场稳定、农民收入和粮食安全。较低程度的生产者补贴仍会刺激产量增加，市场价格相应下降。口粮供给弹性较小、价格降幅较大，增加的产量难以抵消价格降低对收入带来的负向影响。补贴力度下调3%以上时，农民收入不再增加、转而下降。和支持力度相同的托市政策相比，农民收益在生产者补贴下的损失反而更多。除此之外，伴随着市场价格放开，市场波动在增加，粮食供应的稳定程度也在下降，威胁粮食安全。尽管总体来看粮食产量均值是提高的，但粮食安全系数下降到88%。

三、策略3："托市+生产者补贴"

"托市+生产者补贴"双层政策有突出的成本节约特征，能有效规避WTO黄箱限制，与此同时还能维持较高的增产增收效果。将生产者补贴标准设置得比托市价格高，两者均参照2017年小麦托市价格水平调整，模拟结果整理如表8-4所示。可以看到，表8-4第(2)~第(5)列的支持力度与表8-2第(2)列、表8-3第(3)列的支持力度相同，但财政成本节约达到76.49%~82.28%，而且补贴量与产值的比例为5.0%~7.6%，均在WTO黄箱限制范围内。除了有较大的制度调整空间外，更为可喜的是双层政策能够给予农民充分的种粮积极性。表8-4第(2)~第(5)列中农民接收到的实际价格和种粮收益、长期均衡产量高于2017年托市水平。随着补贴力度下降［见表8-4第(6)~第(10)列］，农民实际价格、种粮收益和长期均衡产量有所下降，但均高于2017年托市水平。

表8-4　　不同"托市+生产者补贴"组合下的政策效应评估：

以2017年托市为基准

政策效应评价		2017年托市	补贴标准降3%	补贴标准降3%	补贴标准降3%	补贴标准降3%
			托市价格降5%	托市价格降10%	托市价格降15%	托市价格降20%
		(1)	(2)	(3)	(4)	(5)
市场稳定	市场价格均值	100.80	16.01	11.35	6.55	1.85
	市场价格CV	0.31	0.30	0.32	0.32	0.32

续表

政策效应评价		2017 年托市	补贴标准降3% 托市价格降5%	补贴标准降3% 托市价格降10%	补贴标准降3% 托市价格降15%	补贴标准降3% 托市价格降20%
		(1)	(2)	(3)	(4)	(5)
农民保护	农户价格均值	100.80	16.32	12.74	9.43	6.57
	农户价格 CV	0.31	0.30	0.30	0.30	0.28
	农户收益均值	10202.68	1825.11	1461.58	1131.17	849.38
	农户收益 CV	0.25	0.18	0.18	0.18	0.17
粮食安全	产量均值	101.80	3.64	3.55	3.45	3.35
	粮食安全系数	0.95	−0.18	−0.17	−0.15	−0.13
财政成本	私人储备均值	9.27	7.79	8.66	9.58	10.48
	公共储备均值	34.32	−28.28	−28.93	−29.62	−30.32
	财政成本	3500.58	−2880.40	−2857.23	−2788.61	−2677.66
黄箱限制	WTO 黄箱限制	34.1%	5.0%	5.4%	6.3%	7.6%
政策效应评价		补贴标准降5% 托市价格降10%	补贴标准降5% 托市价格降15%	补贴标准降5% 托市价格降20%	补贴标准降10% 托市价格降15%	补贴标准降10% 托市价格降20%
		(6)	(7)	(8)	(9)	(10)
市场稳定	市场价格均值	11.59	6.81	1.98	7.29	2.48
	市场价格 CV	0.33	0.33	0.32	0.33	0.31
农民保护	农户价格均值	12.42	8.87	5.63	7.90	4.06
	农户价格 CV	0.32	0.31	0.28	0.32	0.29
	农户收益均值	1381.66	1028.51	711.36	826.16	448.95
	农户收益 CV	0.19	0.19	0.17	0.20	0.19
粮食安全	产量均值	3.18	3.08	2.99	2.20	2.12
	粮食安全系数	−0.16	−0.15	−0.13	−0.15	−0.13
财政成本	私人储备均值	8.83	9.72	10.60	9.98	10.78
	公共储备均值	−29.28	−29.96	−30.66	−30.79	−31.45
	财政成本	−2948.19	−2904.41	−2818.34	−3126.94	−3101.25
黄箱限制	WTO 黄箱限制	4.7%	5.3%	6.3%	3.3%	3.7%

注：1. 此表一共包含 10 组模拟结果，改革后的托市价格和生产者补贴标准均在 2017 年托市价格的基础上调整。

2. 基准组为 2017 年托市，其余各列中市场稳定、农民保护、粮食安全和财政支出指标中列出的正值或负值为相对基准组求出的变化量。

3. 为了便于与 WTO 黄箱规定的 8.5% 比较，黄箱限制指标中的值为实际值，非变化值，且仅保留一位小数。

资料来源：根据模拟结果整理而得。

双层政策对市场价格的直接干预减少，市场波动变得更加明显，增加了农民收益波动和粮食供应波动的风险。双层政策取代托市后，市场价格波动系数增加约 1 倍、达到 0.6 左右，农民收益波动增加约 74%，粮食安全系数降低 13～18 个百分点，为 78%～85%，说明产量的变异系数较高。但市场波动也促进私人储备的恢复，与此同时政府储备显著减少，促进政府收储与私人收储良性互动。可以看到，双层政策形成了市场高价格与高波动并存、农民高收益与高风险并存、粮食高供应量与高波动并存的局面。

四、策略4：补贴私人储备

国外普遍采用的私人储备补贴政策确实能够大幅节约成本，但在中国小麦市场情境下会带来较大的粮食安全风险。如表 8－5 所示，私人储备补贴的财政成本节约能达到 95.74% 以上，补贴量与产值之比也在 2% 以下，黄箱政策的调整空间仍然非常大。但该政策会降低长期均衡产量，而且随着补贴力度增加、粮食产量降幅增大。主要原因是支持政策完全从生产中撤出，农民预期得到的种植收益减少，加上生产收益波动增加，生产者激励价格下降，种植面积相应减少。由于市场波动增加，粮食供应的不稳定性增强，粮食安全程度下降。

表 8－5　　　　不同私人储备补贴力度的政策效应评估：
以 2017 年托市为基准

政策效应评价		2017 年托市	补贴20%	补贴40%	补贴60%	补贴80%	补贴100%
		（1）	（2）	（3）	（4）	（5）	（6）
市场稳定	市场价格均值	100.80	－0.83	0.06	0.98	1.91	2.86
	市场价格CV	0.31	0.10	0.09	0.08	0.07	0.06
农民保护	农户价格均值	100.80	－0.83	0.06	0.98	1.91	2.86
	农户价格CV	0.31	0.10	0.09	0.08	0.07	0.06
	农户收益均值	10202.68	－305.60	－220.42	－133.70	－45.57	44.16
	农户收益CV	0.25	0.05	0.04	0.04	0.03	0.02

续表

政策效应评价		2017年托市	补贴20%	补贴40%	补贴60%	补贴80%	补贴100%
		（1）	（2）	（3）	（4）	（5）	（6）
粮食安全	产量均值	101.80	−0.73	−0.85	−0.97	−1.09	−1.21
	粮食安全系数	0.95	−0.23	−0.22	−0.20	−0.19	−0.18
财政成本	私人储备均值	9.27	7.01	7.58	8.16	8.75	9.36
	公共储备均值	34.32	—	—	—	—	—
	财政成本	3500.58	−3474.52	−3446.66	−3416.93	−3385.24	−3351.53
黄箱限制	WTO黄箱限制	34.1%	0.3%	0.5%	0.8%	1.1%	1.4%

注：1. 此表一共包含6组模拟结果。

2. 基准组为2017年托市，其余各列中市场稳定、农民保护、粮食安全和财政支出指标中列出的正值或负值为相对基准组求出的变化量。

3. 为了便于与WTO黄箱规定的8.5%比较，黄箱限制指标中的值为实际值，非变化值，且仅保留一位小数。

资料来源：根据模拟结果整理而得。

私人储备的农民保护效应只有在较高补贴力度下才能实现。农民收益体现在价格和产量两方面，产量已下降，主要看市场价格。只补贴私人储备成本的20%时，市场均衡价格反而会下降，此时私人部门没有足够激励吸收储备。只有在补贴达到100%时，私人储备部门拉动价格上涨的幅度才使农民收益增加0.43%。但私人储备以逐利为目标，现实中其购销行为具有一定不可控性，"囤积居奇"等情况会加剧政府调控难度，并增加市场波动和粮食不安全风险。

第五节　改革方案的比较优势分析

单独分析调整政策的效果之后，可借鉴格劳伯等（Glauber et al.，2013）的分析思路，比较四类政策的市场稳定、农民保护和粮食安全效果。

一、市场稳定、财政成本与黄箱限制

给定财政成本以后，托市收购政策的市场稳定效果最好，"托市＋生产者补贴"双层政策最差，总体来看是托市＞私人储备补贴＞生产者补贴＞双层政策。如图 8－1 所示，从变化趋势上来看，随着财政支出增加，托市收购政策和私人储备补贴的市场稳定效果变好，但私人储备补贴的稳定效果比较有限。生产者补贴则随着财政支出的增加，市场波动加剧。WTO 黄箱限制不影响四类政策在稳市效果上的排序，仅有托市、生产者补贴和部分双层政策会超出黄箱上限（见图 8－2）。但是价格波动不是越小越好。过小（如目前的托市收购政策）会影响市场信号传递，扭曲市场行为，使得市场丧失活力，变成"一潭死水"。适度放宽价格波动的容忍阈值，是托市收储政策需要调整的重要部分。

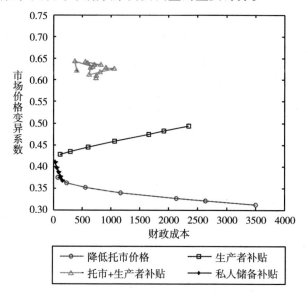

图 8－1　市场稳定效果与财政成本比较

二、农民收益、财政成本与黄箱限制

从农民收益水平上来看，双层政策的支持作用最大，其次是私人储备补贴政策，托市和生产者补贴的作用有交叉（见图 8－3）。随着财政成本的提高，四类政策的收益支持力度稳步增加。但观察到，私人储备、托市和生产者补贴政策的支持力度集中在相对较低的水平，双层政策的

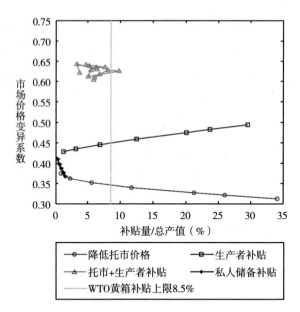

图 8 - 2　市场稳定效果与黄箱限制比较

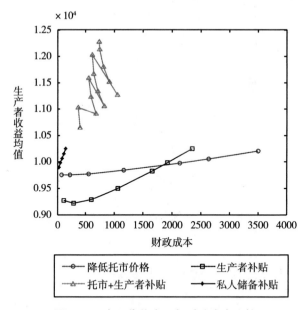

图 8 - 3　农民收益水平与财政成本比较

支持力度处于较高水平。在财政成本有限的情况下，托市价格的农民收益支持作用更大。考虑 WTO 黄箱限制下，四类政策的排序比较清晰，即双层政策 > 私人储备补贴 > 托市 > 生产者补贴（见图 8 - 4）。

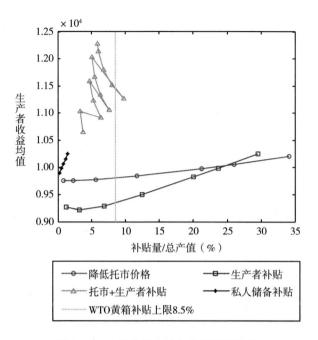

图 8 - 4　农民收益水平与黄箱限制比较

从在收益稳定程度上来看，双层政策的稳定效果最差，托市和生产者补贴能够达到相对较好的收益稳定效果（见图 8 - 5）。托市和生产者补

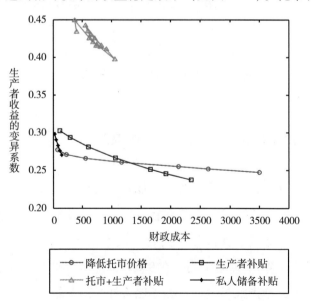

图 8 - 5　农民收益波动与财政成本比较

贴的效果有交叉，在限制了 WTO 黄箱限制以后，四类政策的排序为托市 >
私人储备补贴 > 生产者补贴 > 双层政策（见图 8 - 6）。从走向上来看，随
着财政支出的增加，托市、生产者补贴和私人储备补贴的稳定效果在变
好。如果考虑财政支出的边际效果，私人储备补贴的稳定效果最好，但
其作用范围仍然非常有限，无法达到变异系数降低到 0.25 以下这样的政
策目标。

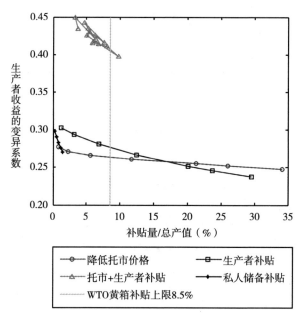

图 8 - 6　农民收益波动与黄箱限制比较

三、粮食安全、财政成本与黄箱限制

从确保粮食产量上来看，双层政策的产量支持效果最大，私人储备
补贴的支持效果最小。双层政策和私人储备补贴的横坐标范围更靠近原
点，说明这两个政策能够以较低的财政成本实现粮食稳产的目标（见
图 8 - 7）。考虑 WTO 黄箱限制，在 8.5% 的限制水平上，双层政策下的
均衡产量最大，增产效果最好。私人储备补贴的黄箱空间最大，但增产
效果最差（见图 8 - 8）。

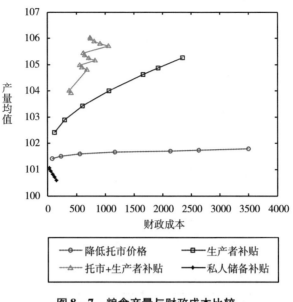

图8-7 粮食产量与财政成本比较

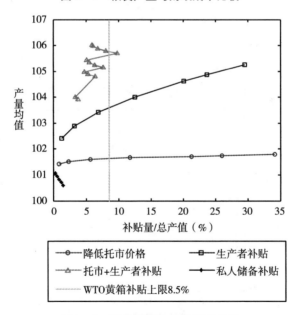

图8-8 粮食产量与黄箱限制比较

从粮食安全系数上来看，托市最突出，其次是生产者补贴政策。四类政策的排序分别为托市＞生产者补贴＞双层政策＞私人储备补贴（见图8-9），而且这一排序在考虑了WTO黄箱上限的情况下仍然成立（见

图8-10）。所有政策随着财政支出增加，粮食安全系数越大。但只有托市和生产者补贴能够达到粮食安全系数在90%以上的要求。双层政策的粮食安全系数在80%上下波动，私人储备政策的边际效果大，但效果的绝对量却远低于其他三类政策。

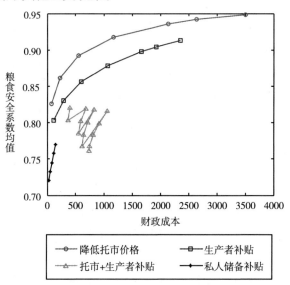

图8-9 粮食安全系数与财政成本比较

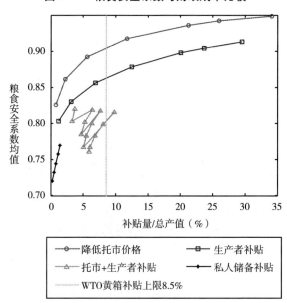

图8-10 粮食安全系数与黄箱限制比较

第六节　总结与讨论

在托市收储政策改革迫在眉睫的背景下，本章基于商品储备模型与动态福利最大化的设定，构建小麦市场随机动态规划模型，从市场稳定、农民保护、粮食安全、财政成本和黄箱限制五维评价指标出发，对四种改革措施可能带来的市场影响进行了模拟分析与政策评估。研究发现：第一，直接取消托市会导致口粮市场大幅波动、产量显著减少，政府稳定粮食安全压力显著增加。调低托市价格将降低三大目标实现程度，对农民收益的冲击明显。第二，直接用生产者补贴取代托市仍然超出黄箱上限，如果试图通过降低补贴标准减少黄箱约束，将导致三大政策目标的风险同时出现。第三，双层政策能够以黄箱限制内的成本维持可观的增产增收效果，副作用是增大了市场波动。私人储备尽管能带来较大的制度调整空间，但存在粮食安全风险、私人收储难以监管等不确定因素。第四，横向比较四类改革措施后发现，如果考察对产量、收入等绝对量的支撑力度，双层政策的效率最高；如果衡量这些指标的波动程度，则托市政策的效率比较高。相比之下，生产者补贴的效率比较平庸，私人储备补贴的效率较高，但政策目标实现程度逊于其他政策。

上述结论蕴含以下政策含义。

第一，目前关于托市改革措施的争论容易走极端，本章分析结果表明改革走极端的后果可能不堪设想。相比之下，建立多层次粮食支持体系对当前的中国更为适用。

第二，主要的政策体系可采用"托市＋生产者补贴"模式，生产者补贴用于应对一般损失，托市作为政策铺底真正发挥兜底作用。双层该政策下市场价格扭曲很小，有助于市场价格机制恢复，促使市场主体感受价格信号、提高其市场经营能力。

第三，私人储备政策尽管效果有限，但政策实现效率较高。可以在主要政策体系之外，适当引入私人收储补贴，不仅有助于培育市场风险应对能力、缓解未来农民卖粮难问题，而且利于分担政府调控压力，促进粮食市场健康发展。同时，也要积极拓展保险、信贷等支持渠道，构筑牢固的支持安全体系。

应当看到，本章的研究还存在一些不足之处。不同粮食品种存在相互的替代或者互补关系，除了自然风险以外，市场风险的影响对粮食市场的影响也比较大。在后续研究中，可以进一步考虑粮食品种的替代对政策效应的影响，纳入市场风险分析体系，继续拓展经典商品储备模型的基础理论和应用范围，以便更加全面、精确地刻画中国粮食市场，从而更好地开展粮食政策量化评估。

（执笔：普莫喆）

第三篇

政策建议

第九章

谨防粮食生产不利因素叠加

——基于黑吉两省秋粮生产调研

根据对黑吉两省四县（市、场）的调研，2018 年秋粮生产有喜有忧。喜的是玉米大豆价补分离后购销两旺，多元主体加工发展迅速；粮食生产全面实现机械化，农民从"种地"到"管地"；新型种粮人呈现年轻化与专业化，多种规模种植模式正在涌现；种植结构加速调整，粮食品质品种进一步优化。忧的是粮食生产不利因素正在累积，连年丰收后麻痹意识悄然滋生、"靠天吃饭"的局面难以改变、"镰刀弯"东北冷凉区玉米调减空间有限、种粮成本迅速上升、新型主体规模化经营风险增加。要特别防范粮食供求形势在潜移默化中突转、科学合理推进结构调整、构筑补贴保险贷款"三位一体"和"两个转移"政策支持体系。

为及时了解秋粮形势，2018 年 9 月下旬，中国农业科学院"中国粮食发展研究"课题组赴黑吉两省四地（赵光农场、北安市、榆树市和前郭县）调研，走访了 15 家粮食加工企业、合作社、种粮大户和中储粮直属库，并与县（市、场）领导、农业粮食财政等部门负责同志和企业负责人、合作社领办人、种粮大户等近百人座谈，广泛听取意见，交流看法。总体来看，2018 年东北粮食生产呈现稳定发展的态势，但出现了不少新情况、新问题，需要引起足够重视。

第一节　对粮食产业的基本判断

粮食种植结构继续优化。两省充分利用国家政策，重建新的轮作结构，"大豆＋玉米"和"大豆＋玉米＋春小麦"种植面积扩大。优质粮食面积大幅增加，2018年北安市高蛋白食用大豆超过200万亩，比2017年增加40万亩；加工型专用玉米比2017年增加45.3万亩。"水稻＋"模式越来越旺，每亩增加收入700～1000元，其中"水稻＋螃蟹"共生共养，实现绿色发展；"水稻＋蔬菜"和"水稻＋饲用油菜"等提高了土地产出率。同时，高粱、芸豆等杂粮种植规模也不断扩大，形成了主粮杂粮交相辉映的局面。

不同品种有增有减但总量低于2017年。结合走访农户反映情况和地方部门分析，从玉米看，黑龙江部分地区受玉米价格回升和深加工快速发展影响，种植面积略有增加，总产量接近上年水平。吉林玉米面积略减，由于遭受严重旱灾，产量受到影响，榆树市反映减产20%～30%。从大豆看，黑龙江完成了国家下达的大豆扩种计划，增加700万亩，但受低温霜冻天气影响，预计减产5%左右；吉林省大豆种植面积略有增加，但品质和总产量均可能下降。从稻谷看，两省呈现面积稳定，单产略有提高，总产量和2017年相当。

农业生产要素需求发生转折性变化。"种田要有家把事（儿）"，调查地区的粮食生产实现了从播到收的全程机械化，以无人机为代表的新型农机设备也广泛使用，这是种田农民向笔者反映最高兴、最满意的变化，赵光农场维宝旱田种植合作社梁维宝提到，现在已从"种地"向"管地"转变，开着汽车上田头，监督农机作业质量和效率。粮食合作社对劳动力的需求主要是技能性较强的农机手，而非普通劳动力。大量使用农机设备减少了对劳动力的依赖，连片的100垧玉米全年累计仅需30天工时。土地流转加快，粮食种植资本投入越来越大，种粮人已由过去的家庭积累转为对信贷的高度依赖。

规模性种粮主体呈现专业化、年轻化。种粮主体的代际过渡特征明显，"75后""80后"成为新一代主力军，北安致富带头人李富强才35岁，就先后获得北安市"种粮生产大户"、黑河市"优秀共产党员"、黑河市"致富能手"和黑龙江省"劳动模范"等荣誉称号。在榆树和前郭，笔者随机走访的10名种粮大户、合作社领办人中，有7名年龄都是三四十岁。他们乐于接受各种专业技术培训，并拥有自己的技术员、机械员，敢于尝试如"螃蟹养殖＋有机稻种植"等多样化生产方式。更重要的是，这部分人大多具有强烈的乡土情结，如前郭县七家子村华信合作社创办人早年在湖南经营矿产收入颇丰，因情系故土而返乡种粮；广臣合作社领办人也言及"生活不依赖土地，但珍惜这块土地""有情怀才更有动力"，他们为本乡本土发展做贡献的愿景迫切，"谁来种地"不再忧虑。

粮食加工企业集聚发展、迸发活力。在20世纪末，由地方政府主导创办的一批粮食加工企业运营不佳，亏损挂账严重。玉米收储改革后，理顺激活了加工企业产业链，许多粮食加工企业落户主产区。笔者走访了榆树中粮生化、吉粮天裕，看到其生产经营呈现规模扩大、销售活跃、效益较好的局面。2016年投资的北安象屿金谷60万吨玉米深加工项目，9个月就完成了开工建厂的所有过程，当年投产、次年见效益，并从嘉吉、邦吉等引进成熟型人才。

大豆产业呈恢复势头。随着生产者补贴政策力度增强，大豆面积恢复性增长，2018年北安高蛋白食用大豆面积稳定200万亩以上，比上年增加40万亩。黑吉两省2018年大豆种植面积预计比上年扩大770万亩。调研发现，地方部门和种植大户对转基因大豆持包容性态度，他们认为转基因大豆如能降低生产成本、减少田间劳动投入、增加产量，就能提高市场竞争力。赵光农场职工反映，他们现在的大豆单产水平与美国接近，如果种植转基因大豆就有抗衡美国大豆的可能，所以期待放宽对转基因大豆的种植管制。

第二节　需要关注的问题

一、生产"靠天吃饭"局面难以改变

黑龙江和吉林两省有效灌溉面积分别占耕地面积的31%和22.4%，粮食生产仍以雨养为主，受自然条件的影响难以改变。已有的农田设施也比较薄弱，吉林反映约40%的大型灌区节水工程不配套，水资源利用率仅17%；黑龙江水利工程设施功能不足，地表水利用率不足30%。产粮大县普遍无力承担农田基础设施维护费用，更谈不上新建或更新设施。从总体上看，这几年，"藏粮于地、藏粮于技"，使我国粮食综合生产能力有了新的提升，但不能估计过高，重大自然灾害的制约仍不能忽视。2018年吉林遭遇62年一遇的"三旱"（春旱、伏旱和卡脖旱）碰头，外加收获时节的秋雨，按照典型推算，全省玉米减产超过50亿千克。

二、"镰刀弯"东北冷凉区玉米调减空间有限

当地专业技术人员表示，黑龙江第四、第五积温带内已经形成适应当地气候条件的作物体系，玉米种植风险比较低，不种玉米难以找到规模性替代品种，而大豆重茬易导致产量和质量上不去。以赵光农场维宝旱田种植合作社为例，2018年调减后玉米种植面积占35%、大豆占60%、其余为杂豆。尽管增加了大豆种植，但因为重茬，亩产比正常产量减少约25千克。北安农业部门表示，大豆亩产达到200千克的前提是有玉米作为前茬，如果未来两年连种大豆，将导致亩产降到100千克，质量和产量问题将使调减玉米的可行性继续下降。在有水源地区，适当恢复春小麦，也有利于合理轮作，黑龙江春小麦曾经达到1800万亩。实际上春小麦是东北地区的优势品种，与国内大量进口的加麦同属优质强筋麦，其在东北地区结构调整中的作用还有待充分挖掘。

三、粮食"去库存"进程快的超出预期

从两省调研情况来看，玉米收储市场化改革后理顺价格传导体系，激发了市场活力，激活了产业链条，显著扩大市场接受容量。国家对进口玉米替代品（高粱、DDGS 等）管制也卓有成效，减少增量来推动库存消耗消化。持续大量去库存，各类市场主体积极响应，尤其是面向南方主销区流通日渐活跃，市场需求旺盛。当地粮食部门表示，近一半的储备库已完全腾空，超出了主管部门主观预想。榆树市约有 700 万吨库容，2019 年 8 月有一半库容腾出。前郭县 2013 年和 2014 年的临储玉米已完成出库，2015 年的成交率达到 50%，2018 年底达到 60%，所有临储库存 2019 年出完。粮食部门开始担忧粮库仓容闲置和粮站职工生计着落问题。

四、粮食产区大米采购规模激增

黑吉两省大米除了大部分销往东南沿海传统主销区以外，云贵川等西南片区的销量也在增加。新市场要粮"饥渴"，据前郭的绿和源米业公司介绍，西南地区的一个客户月需求量从两三年前的 300 吨增加到现在的 600 吨，全年供应量达到 7000～8000 吨。据前郭的巨大米业反映，近年来该公司在西南片区不断与新客户建立合作关系，发货量年均增长 50%。从优质米销售情况来看，前郭县七家子村华信合作社 60% 的优质大米销往云贵川地区，销售绝对量一直在增加，2017 年以来更是供不应求，元旦前就全部销完。四川本是稻谷主产区，云贵是产销平衡区，这些地区需求的增加，除了与打击边境走私取得成效有关外，很大程度是供求总量变动从市场中发出的信号。

五、产粮大县贡献大、经济薄弱

主产区财政普遍吃紧，"粮食大县、经济小县、财政穷县"的窘境基

本没有缓解。自 2003 年以来，榆树市为国家提供了 450 多亿千克商品粮（年均 30 亿千克），相当于京津沪渝四大直辖市一亿人口三年的口粮。但 2017 年榆树市财政支出 89.3 亿元，"保工资"支出就需要 20 多亿元，而本级财政仅为 10.4 亿元，用地方干部的话说，不是"吃饭财政"，而是"要饭财政"。同时，有的惠农政策还需要地方配套，但主产区没有"吃饭"的钱，更无力支付地方配套，陷入"需要钱但赚不到钱、要不到钱"的恶性循环。由于农民种粮收入不高，所以村里通过"一事一议"建设公共设施难度极大。产粮大县的村集体经济也不景气，据前郭县政府介绍，全县 233 个行政村，账户存款达到 20 万元的村子不足 20 个，50% 以上村子没有存款，甚至有 1/3 的村子负债超过 50 万元。

六、粮食补贴政策设计方案亟待调整完善

临储取消后国家提供的补贴种类和数量都在增加，但从黑吉两省农业经营者和管理者的反映来看，现有补贴设计中系统性、长期性的考量还有待加强。第一，目前，水稻实行最低收购价，玉米、大豆实行生产者补贴，同时大豆还有轮作补贴，补贴政策品种之间、出台时间协调性较差，不利于形成合理的比价关系，对农民的种植行为引导信号不够明确。第二，农机具购置补贴极大地提高了种粮机械化水平，但要防止盲目申请补贴、争相购置农机问题，以造成一些合作社农机拥有量超过其土地经营规模承载程度。北安宏维农业物产公司自身未购置任何农机，全部依靠雇佣农机种地，反而降低了经营成本。第三，秸秆还田没有技术壁垒，但粉碎、抛洒、深翻等操作成本居高不下，仅秸秆还田的深翻成本就额外增加 500 元/公顷（约 30 元/亩）。现有深松整地作业补助标准低、规模小。

七、贷款难、还贷紧干扰售粮节奏

贷款难、还贷紧的问题已影响到正常的粮食经营。一是贷款难度大。

众多合作社缺乏银行认可的抵押物，几乎无法获得银行贷款，宇新合作社融资需求是 1000 万元，但仅获得贷款 400 万元。吉林省拿出农业直补的 20% 成立了省农业信贷担保有限公司，但贷款评估风险需要银行批准，而按照银行的标准来看农业项目风险大，批获难。前郭没有一家合作社从省农业信贷担保有限公司获得贷款。二是贷款利率居高不下。一般情况下合作社贷款月利率约为 0.6%，部分地区农商行、邮政储蓄银行的贷款利率甚至高达 0.8%~0.9%。三是银行规定的还贷时间大多与收获时间重合，加剧粮食集中上市，进一步打压了市场价格。农民贷款是当年 3 月开始，第二年 2 月还清，恰好与当年末和次年初的售粮高峰重合，造成农民为了还贷急于售粮变现，这样的还贷节奏不利于稳定粮食价格和增加种粮收入。

八、新型主体规模化经营风险增加

黑吉两省新型经营主体规模经营比重较大，尤其黑龙江规模经营比重超过 60%，但近年来经营风险不断增加。一是 2018 年以来，化肥、农药等生产资料价格普遍上涨，尤其是以石油为原料的投入品，伴随国际石油价格波动上浮至 80 美元/桶关口，生产资料价格与石油价格同步起伏，经营投入不确定性增加。黑龙江省赵光农场负责人介绍，尿素投入从 2017 年的每吨 1700~1800 元增加到 2100~2200 元（上涨 23%），氮肥从 2500 元增加到 3000 元（上涨 20%），钾肥从 3100~3200 元增加到 3500 元（上涨 11%），农药涨幅也在 10%~20%。二是租金上涨快。土地经营收益、补贴与土地租金联动起伏，如果经营好反而会带动土地流转价格增加。榆树一合作社提及，2017 年地租每公顷仅为 3000~3500 元，而 2018 年连片土地骤然上涨到 8500~9000 元。三是保险保障力度比较低，目前大灾保险保费 12 元/亩，农民承担 4 元/亩，但赔付门槛比较高，即便是吉林遭遇旱灾，达到完全绝产的也比较少，农民获得赔付有限。

第三节　政策建议

在调研中，种粮农民和涉农基层部门反映目前粮食生产存在一些不利因素，调动农民种粮、地方抓粮的积极性还需要系统性的政策措施，要倍加珍惜、努力保持我国粮食生产 14 年持续稳定发展的好形势。需要特别重视研究"三个转折"，一是 2015 年有可能成为我国粮食种植面积增减的转折之年。近几年来，长江流域和黄淮海地区棉花面积调减了几千万亩，2015 年，粮食面积增加到 17 亿亩，为进入 21 世纪以来最高水平。2016 年、2017 年，国家引导调整种植业结构，粮食面积减少，2018 年面积继续减少。要警惕以调整种植业结构为名，粮食面积大幅减少的倾向。二是 2018 年有可能成为我国粮食连年丰收后高位回落的拐点之年，2018 年夏粮、早稻略减，秋粮主产区有增有减，全年粮食生产在克服多重困难的情况下，仍能保持 6000 亿千克以上的较好水平，但要比上年增产比较困难。粮食主产区对明年粮食生产面临的问题比较忧虑，确保面积稳定、产量稳定十分艰巨。三是 2019 年有可能成为粮食"收不了、储不下、销不动"局面改变后发生供求关系逆转之年，在目前秋粮陆续上市之际，主产区市场价格趋涨，主销区采购活跃，国家主动收购数量减少，粮食供求形势正在悄然发生变化。

针对以上分析，结合本次调研基层的呼声要求，提出以下几点建议。

第一，防范粮食供求形势在潜移默化中突转。粮食连年丰收并不意味着产量会沿着惯性轨道继续保持下去，丰收的年头越多，高位回落的风险就越大。影响粮食危机的因素正在累积、交相叠加，即灾害频发拉低单产、结构调整促使面积骤减、库存见底降低调节回旋能力、贸易争端与国际油价风险难测。可谓"天人内外"四者跨界碰头，这是改革开放以来所未有的。越是在粮食生产丰收的时候，越不能滋生麻痹大意，忽视粮食生产。当前，中国经济依然处在新旧动能转换的关键期，新的增长动能总体上看还处于发育期，此时更容不得粮食生产有任何闪失。

我国粮食连续丰收是在复杂的国际环境、关键的历史时期、重要的经济社会发展阶段、多变的自然气候条件下取得的。在中美贸易争端中，粮食已经成为重要的筹码。我国应从国际市场适时适量地进口粮食，平衡国内的供求关系。20 世纪 50 年代以来，国际上一共发生了 10 次粮食禁运，其中 8 次由美国发起。因此，在我国粮食生产或迎来拐点之前，必须要谨防粮食生产滑坡，坚定地按照党中央的指示要求，始终崩住粮食安全这根弦不放松，确保中国人民饭碗牢牢端在自己的手上，进一步强调粮食生产省长负责制，进一步加大粮食支持政策的力度，培育形成"政府重粮、部门抓粮、农民种粮"的强大合力。

第二，引导支持产区销区异地跨省储备。黑吉两省库存粮食逐步消化，尤其今明两年将完成累积的库存玉米出库，会形成很大的闲置库容。国家粮食和物资储备局要为粮食主产区和主销区牵线搭桥，帮助产销区建立长期稳定的购销协作关系，引导销区地方政府在确保区域内短期粮食安全的前提下，尽可能与产区企业开展异地粮食储备。建立健全异地储备监管办法和轮换、费用拨付等机制，签订委托代储合同。同时，产区粮食主管部门在储备粮食监管、应急调运、粮源调剂和收储轮换等方面提供服务保障，充分利用现代信息技术和智能设备管理系统，实现对储备粮仓储货位的品种、数量、质量远程在线监控，解决销区后顾之忧。

第三，建立健全"两个转移"的发展补偿机制。长期以来，产粮大县一直没有摆脱经济小县、财政穷县的困境，本级财政基本没有能力投入粮食产能建设。要着力建立健全"两个转移"的发展补偿机制，除了进一步加大中央财政对粮食主产县的专项转移支付力度，对产粮大县还要给予资源转化优惠政策等发展性补偿，对产粮大县的大型农业农村基础设施、义务教育等纯公共物品，中央财政要担负起主要责任。主销区是当前国家粮食政策最直接的受益者，大大增加了其发展机会，除了在主产区和主销区的财政收入间形成利益补偿关系，还要鼓励销区企业到产区投资，提升产区粮食生产技术装备和产业化水平，培育新经济、新业态和新模式，推动现代产业经济快速发展。

第四，构筑补贴、保险与贷款的"三位一体"生产支持体系。在总结玉米生产者补贴情况的基础上，建议取消稻谷小麦最低收购价政策，全面实行粮食生产者补贴。春播前及时公布补贴方案，稳定种粮农民生产预期。深入推进涉农资金整合，全面实行"大专项＋任务清单"管理方式，下放资金使用管理权限，提高地方统筹使用资金的能力和空间。考虑从保费补贴着手，使补贴隐性化，确保补贴与直接生产者挂钩，根据种植大户的需求，加大保险保费补贴，降低种植风险。调整保费补贴分摊办法，进一步提高产粮大县保费补贴标准，取消主产区市县政府配套保费补贴。在完善粮食作物完全成本保险和收入保险试点基础上，持续深入推进种粮保险"扩面、提标、增品"，做到应保尽保。利用现有已从补贴中提取的部分（即信贷担保有限公司注册资本）作为贷款风险保证金，推广"银行＋保险＋风险保证金"模式，加大对新型经营主体贷款贴息、融资担保等扶持政策。结合种植作物周期调整农民还贷梯次，针对还贷期与售粮季交叉重叠的问题，可根据农民种植作物生长周期特点，延长或缩短贷款期限不等数月，实行错峰还贷。支持发放种粮中长期贷款，对中长期的贷款给予税收减免、财政贴息、融资担保等扶持政策。

第五，科学合理推进"镰刀弯"地区结构调整。2016 年和 2017 年"镰刀弯"地区玉米调减面积已累计约 4000 万亩，但在黑龙江第四、第五积温带等地区，合理轮作制缺少调剂品种，玉米是作物间轮作难以替代的品种。因此，继续调整玉米面积没有余地。要精准细化分地区施策，在第四、第五积温带推广大豆玉米为主干作物，辅之以其他经济作物合理轮作，并在适宜地块扩大春小麦种植。根据科学轮作要求，推广选地整地、品种选择、播种施肥、田间管理等先进生产技术，对休耕地要允许种植豆科作物涵养土壤。

（执笔：钟钰、普蕈喆、秦朗、袁龙江、陈萌山）

第十章

当前粮食生产喜忧思
——基于豫鄂五县（市）的调研

通过对豫鄂两省五县（市）的调研发现，2019年夏粮面积基本稳定、目前长势较好、优质率提升，但种粮收益持续走低、病害隐患逐年加重、粮食市场机制不畅等问题越来越掣肘产业的良性发展。我们深刻感受到粮食市场主体利益交错，过去"打补丁"式地出台政策已无法有效解决粮食产业面临的问题和挑战。在新的发展阶段，要以习近平新时代中国特色社会主义思想和国家粮食安全战略为指导，深化改革，重新梳理各方利益关系，系统重塑中国粮食政策体系。

2019年《中共中央 国务院关于坚持农业农村优先发展做好"三农"工作的若干意见》再次释放明确的重农抓粮信号；2019年全国"两会"期间，习近平总书记在河南代表团进一步强调"要扛稳粮食安全这个重任"，明确指出"确保重要农产品特别是粮食供给，是实施乡村振兴战略的首要任务"。2019年3月下旬至4月上旬，中国农业科学院"中国粮食发展研究"课题组奔赴豫鄂两省的永城市、商水县、邓州市、枣阳市和监利县调研，五县（市）粮食播种面积总计1500万亩，产量超过600万吨，相当于宁夏、青海、西藏三省区粮食总产量，是我国（超级）产粮大县、商品粮输出大县，分别代表了长江流域、黄淮海平原粮食主产区的典型特征。调研团队采取不听汇报、不要求领导陪同、不提供汇报材料的方式，零距离、面对面进行访谈、座谈、入户下田进库考察，涵盖 10 家粮食加工企业、15 家粮食生产合作社、21 个种粮农户、5 个粮食科技示范园、10 个中储粮直属库和地方粮食储备库，直接接受调研人数 130 人，并与五县（市）党委政府、农业粮食财政等部门负责同志以及两省农科院领导专家交换了意见。总体来看，2019 年粮食发展出现了不少新亮点，面临的挑战仍旧不少，重塑国家粮食安全新体系迫在眉睫。

第一节　粮食生产开局良好

一、夏粮长势好于往年

除了监利以外，其他四个县（市）均为我国夏粮主产区。2018 年秋播以来，小麦生产总体较为顺利，越冬期苗情明显好于去年，也好于常年。永城冬小麦面积 160 万亩，墒情较好，入春以来生长发育进程加快，一类、二类苗超过 95%。通过 "3030 优质麦工程"（30 万亩强筋小麦、30 万亩富硒中筋小麦），做到了 "九统一"，提升了粮食生产水平和种植效益。商水小麦长势喜人、苗情又壮又旺，一类、二类苗达到 96%，比上年提高 3 个百分点。邓州 2019 年一类、二类苗占 92%，比上年高出 2 个百分点。枣阳是湖北有名的 "旱包子" "望天收" 地区，2019 年冬小麦一类、二类苗达到 89%，比常年高 4 个百分点。四月中旬开始，小麦主产区陆续扬花、灌浆，同时也是小麦赤霉病防治的关键时期，四地对 "一喷三防" 更加重视。如果能有效控制病虫害的影响，后期不出现重大不利气候，夏收小麦有望丰收，实现粮食生产开门红。

二、地方政府更重视抓粮工作

习近平总书记在参加十三届全国人大二次会议河南代表团审议时，

专门强调粮食安全的重要性。这对粮食主产区是极大的鼓舞，主产区担当国家粮食安全的使命感、责任感和荣誉感又凸显出来。永城市领导表示"粮食生产的重任要往死里扛"。商水县领导说，商水拥有河南唯一的大规模砂浆黑土地，富含有机质，看到这些黑土地被征收成为建设用地，就有深深的历史负罪感。总书记要求河南多为国家粮食安全做贡献，让他坚定了一定要打好粮食优势这个名片的信念，并挤出财政预算 1600 万元，免费对示范区小麦开展统防统治。产粮大县（市）的主要领导对粮食安全的重视，不仅体现在粮食种植方面，还体现在大力推进粮食产业发展、粮食经济繁荣上。永城强力推进面粉之都建设，制定了更加优惠的营商条件。商水县领导亲自解决鲁王集团扩建用地困难。枣阳确定了一批粮油加工帮扶企业。监利县与华中农业大学、湖北省农科院等科研单位开展产学研紧密合作，打造粮食"双水双绿"科技支撑工程。

三、优质品种和新种植模式方兴未艾

近几年国内市场对优质粮食品种需求旺、接受快，农民反映既好卖、价又高，优质小麦普遍高 0.4 元/千克，优质水稻高 1.2 元/千克。市场反应有力推动粮食供给侧结构调整，优质种植面积逐年扩大。永城麦客多企业负责人反映，当地扩大强筋小麦种植面积，使面包加工所需原料实现 20% 进口替代，提高了农民种植收益。商水优质小麦新品种周麦 26、周麦 27 和周麦 28 种植面积不断扩大，2019 年达到 60 万亩，占小麦总播种面积的 48.4%。监利大力推广"水稻＋"种植模式，2018 年"虾稻共作、稻渔种养"达到 80 万亩，2019 年达到 100 万亩，每亩纯收入达到 3410 元。"中稻—再生稻—绿肥"种植 35 万亩，每亩纯收入 560 元，"稻鸭共育""中稻—蔬菜""稻蛙"模式面积也在兴起扩大。

四、多样化的社会化服务层出不穷

新型农业经营主体不断涌现，在多年生产经验的基础上转型升级，

不断完善农业产前、产中、产后各种需求。种粮农户减少，种粮农户劳动时间缩短，而粮食新型农业经营主体和生产服务人员迅速增加，农业生产现代化水平迅速提高。永城重视农技推广区域站建设，通过公益性全程技术服务对接规模种植大户，提供技术指导、新品种引进示范、病虫害及农业灾害监测预报、统防统治、科学施肥等。我们调研的演集区域站有完备的试验基地、培训设施、检测设备和必要的工作经费，覆盖3个乡镇、12.3万亩耕地，每年培训超过600人次，较好地满足了生产需要。商水大力推广土地托管服务经营模式，由零星托管到近年来整乡整村推进，显示出强大的生命力。商水的发达高产种植专业合作社在粮食生产托管服务方面大胆创新、成效显著，共托管服务社员5000多户、土地6万多亩，按照土地增产、粮食增效、社员增收、合作帮扶的宗旨要求，提供了供种、供肥、田间耕作、收获、烘干仓储、销售等托管服务，每亩节省成本150元，订单加价回收每亩增收120元，合计增收270元。该合作社探索出了托管模式的有效机制，以自然村为单位配置一个有经验、有威望的区域托管员，层层发展下线，辐射带动周边，形成了从散户到小托管组再到大托管组的网络体系。托管员负责拓展托管规模、发放农资、指导技术、协调连片机械化作业和催收托管服务费，收入按照托管服务区域粮食产量每千克4分钱计酬。下一步他们将响应"延长产业链、提升价值链、打造供应链"的号召，进一步扩大托管服务范围。商水总结推广该合作社的经验，拟出台鼓励性政策，大力支持新型经营主体进行土地托管、股份制合作等创新发展模式，计划在舒庄、汤庄、张明三个乡试点整建制开展土地托管服务，培育粮食生产发展新动能。托管服务实现了风险共担、利益共享，做到"你交钱、我管理"。调查中许多种粮大户反映，从流转到托管降低了种粮大户的经营风险，尤其对于部分不愿离开土地的农户节本增效立竿见影，同时还有效解决了先进种植技术与小农户对接的难题。托管服务对稳定家庭联产承包责任制具有重要意义。邓州首邑农业发展有限公司组建农业社会化服务团队购置国外先进农具，开展农机作业服务，为周边8万亩粮食生产提供从播种、施肥、喷药、收获到秸秆还田等多种服务套餐。鄂豫两地粮食收获季节易遭受连阴雨，粮食烘干问题突出，产后烘干代储服务应运而生，如监利的精华合作社开展粮食烘干、储藏、收购等服务，增强了农户卖粮的议价能力。

五、市场化取向改革正在基层兴起

一些承担收储业务的粮食企业，未雨绸缪、自我革命，认识到粮食市场化改革趋势不可逆转，靠吃政策饭不是长久之计。邓州的地方国有粮食企业共有干部职工 2333 人，36 个独立核算企业，主要收入来源为政策性粮食收购保管费。目前存储政策性粮食 66.9 万吨，不少已超过安全储备年限，他们认为目前粮食储备企业这种吃政策饭、当"保管员"的做法既不能有效发挥粮食储备的作用，又不适应粮食市场化发展要求。为此他们顺应深化改革的新形势，主动出击，对现有机器设备、厂房设施及土地进行固定资产清算，将辖属的 20 个粮管所占用的 1438 亩地清点变现，加快优质资产整合与不良资产剥离，组建粮油投资发展有限公司，加快粮食仓储智能化升级改造和粮食产后服务体系建设，围绕市场化收购条件下农民收粮、储粮、卖粮等难题，面向农户开展代清理、代烘干、代储存、代加工、代销售的"五代"服务。

六、粮食加工业购销两旺

调研的 8 家粮食加工企业普遍反映其客户群体除了传统的东南沿海地区，近年来云、贵、川等地需求强劲，客户数量不断增加，订单规模逐年上升，优质产品供不应求。他们通过收购优质原粮、升级加工设备，不断向市场推陈出新。永城最大的粮食加工企业华冠面粉介绍，近年来特别是 2019 年，市场销售顺畅，新订单不敢接，只能满足老客户需求。目前面粉价格比 2018 年上涨 10%，企业销售量同比增加 10% 以上，尤其对专用面粉需求特别迫切。汇丰面粉有限公司甚至要求客户先打款后发货。永城规划建设 7.03 平方公里的食品产业园，已入驻包括麦客多食品、新鼎食品、众品食业等大中型食品企业 16 家，通过做强企业、集聚产业、打造龙头、品牌引领等方式延长粮食加工产业链。商水拥有砂浆黑土地 80 万亩，为粮食品质提升创造条件，2019 年优质小麦种植面积达 30 万亩，与中粮、益海嘉里等加工企业签订高质量高价格回收订单，并努力申报国家级优质小麦现代农业产业园。商水鲁王集团为满足面粉、挂面等粮食加工产品强劲的市场需求，增加投资，申请扩建加工厂区。监利福娃集团和恒泰农业集团围绕稻米全产业链战略，坚持优质粮食产业化发展道路，突破以往困境，形成稻米加工、食品加工、饲料加工、生态农业多样化发展的全产业链条，近两年企业经营状况趋好。

第二节　当前粮食产业面临的痼疾与新患

一、收益持续下降冲击种粮农民积极性

近年来国家环保标准提高，农资工业企业成本直线上升，种植大户普遍反映"生产资料一个劲儿涨，粮食价格一个劲儿降"，种粮利润受到严重挤压，出现"市场旺、加工旺、服务旺，就是种植不旺"的局面。永城刘新全农机专业合作社介绍，2018 年旋耕、播种、农药、化肥、人工和种子购买成本比 2014 年分别上涨了 50%、12.5%、25%、20%、50% 以及 30%。受最低收购价下调影响，永城 2018 年普通小麦价格为 2.2 元/千克，较上年下降 0.1 元。邓州穰原合作社负责人介绍，2018 年早稻、小麦以及玉米每亩生产成本分别为 670 元、550 元和 435 元，地租成本为每季 325 元/亩，亩均收入只有 1000 元、500 元（赤霉病导致小麦减产一半）和 800 元，净利润基本维持在 30～60 元/亩。邓州种粮大户郭春声表示从 2017 年开始，种粮效益就开始下滑，至多只能承受 3 年的亏损，否则资金链断裂，再赔就无法继续种粮了。在枣阳参加座谈的种粮大户、合作社带头人刘志庆、张兵、陈大明、王昌建、吴进军、阮晓平一致反映，2017 年以来种粮都是亏本的。阮晓平流转了 3100 亩土地，主要种植小麦、水稻和青贮玉

米，两年亏损了360万元。种粮大户张兵说道："之前在外经营生意的存款都搭进去了，如果再赔连家都保不住了。"枣阳梁家村58岁的闫顺华老人伤心地告诉笔者，她种了18亩小麦和花生，因旱灾等原因本钱都没收回来，原本想给患病在床的儿子赚些看病的钱，也落空了。枣阳梁家村过去土地流转费用500～700元/亩，现在降到300元/亩还是没人承包，出现"流转户退包，农民不要退"的两难现象，该村土地抛荒率达到20%。

调研过程中，能够强烈地感受到这几年农民种粮不易，普遍微利或亏损，尤其种粮大户、家庭农场焦虑茫然，不知道能否撑下去。这几年许多满怀热情返乡创业的，当起经营数千亩土地的"粮老板"，不料因经营亏损难以为继，"失败了只能默默承受"，其涉足粮食遇到挫折，令人同情，也发人深思。商水县领导直言不讳地说道："从讲政治的角度要抓粮食生产，但从讲效益的角度难以继续种粮。"永城市领导则说："这种局面再不改变，主产区就被压塌了。"

二、病害成为主产区粮食安全的重大威胁

赤霉病是小麦生产面临的最严重病害之一，调研中发现，近年来小麦赤霉病出现明显的北移趋势，已从长江流域扩展到黄河流域，华北平原正面临着全面发生的威胁，成为我国小麦主产区小麦种植和食品安全的最大问题。赤霉病如果防治不及时会造成小麦减产，严重的甚至绝收。赤霉病由镰刀菌属真菌引起，产生以呕吐毒素DON为主的真菌毒素，对人畜都有较大的危害，食用病麦会引起眩晕、发烧、恶心、腹泻等急性中毒症状，严重时会引起出血，影响免疫力和生育力等，小麦中病麦比重达到4%以上时即不能食用。2018年，河南省小麦赤霉病害发生率创新高，受害面积高达141.9万公顷，高出往年平均受害面积50%。商水县领导反映，赤霉病比非洲猪瘟危害更大，但重视程度远远没有到位。调研地农业部门反映，目前小麦主推品种普遍不抗赤霉病，亟须国家加大投入，组织全国科技攻关。同时，国家"一喷三防"补贴经费到位晚、标准低，难以有效开展统防统治。永城、邓州粮食部门均反映，2018年

因赤霉病毒素检测超标，小麦托市收购没有达标粮源。目前，赤霉病已对食品加工行业的产品质量造成重大影响，像五得利、益海这样的大型知名企业，也曾爆出面粉中检测出呕吐毒素的问题，主要原因是小麦普遍染病而无法购到合格小麦。赤霉病北移趋势正在改变加工企业的区域布局，2015～2019年河南省小麦加工企业从800家减少到不足300家，加工企业减少不利于主产区小麦就地加工转化。

三、优质粮食品种少数量缺

优质粮食价格高，不愁销路，但目前生产上推广的品种多乱杂，影响粮食供应的质量和稳定性，与市场需求不对接。调研发现，优质品种的种植效益普遍高于普通品种的种植效益，全部做到订单收购。永城许多面包加工企业所需优质强筋小麦原料80%仍靠进口，十分渴望国产小麦加快品种结构调整升级，以实现进口替代。目前进口优质小麦价格在4.6～4.8元/千克远高于国内市场价。监利通过发展优质稻、虾稻，不仅产品不愁销路，利润也翻倍，优质米平均能卖到5.0元/千克，有的甚至可以卖到十多元钱，而普通米仅能卖到3.8元/千克。枣阳农业局反映，种子经销商与加工企业利益诉求不一致，种子经销商总希望不断推出新品种，增大利润空间，而加工企业则反映种植品种杂乱、良莠不齐影响加工品质和客源稳定性。随着产业转型升级，企业对优质粮食的需求越来越迫切，粮食生产质量与加工企业需求的矛盾越来越突出。

四、烘干仓储设施不足致使保质难卖粮节奏紧

随着规模种植兴起和市场化进程加快，农户烘干仓储设施缺位直接加剧集中售粮的矛盾和粮食霉变的隐患。河南省收获期季节多阴雨天气，玉米含水率高，仓储设施和烘干设备不足，在脱粒、收储和加工环节易霉变，导致产品黄曲霉毒素普遍超标，企业不敢使用当地玉米，只能从东北外购玉米来加工。刚收获的小麦含水率一般超过20%，而储藏要求

在13%～14%，含水率高难以卖到好价钱。仓储和烘干设施不足已经成为制约种粮收益、议价能力和加工业发展的关键因素。在枣阳座谈时，一位农户在小麦收获后，没有仓储不得不以0.8元/千克低价卖出，另一农户家里有仓储设施，存放了两个月后以1.6元/千克的价格卖出，价格翻一番。三杰集团则利用粮食的季节性、周期性价格波动，在地头收粮赚取了上百万元的可观利润。我国正处于工业化、城镇化快速发展时期，国家对土地调控强度逐步加大，用地供需矛盾十分突出。一些种粮大户反映在规模化种植中，需要专门找一块地来烘干、存放粮食和农机，但用地指标审批手续难，亟待解决。

五、金融支农流于形式造成产业"缺血"

资金缺乏是粮食产业发展的固有难题，政府一直试图通过多样化惠农金融服务粮食产业主体，但在实际操作过程中金融"脱农"现象始终没有明显改观。据商水的发达高产种植合作社反映，很多支持农业的大政方针缺少具体的政策文件配套落实，"文件在桌子上转，但不见落地""火车只有轰鸣声，就是不进站""没有明显感觉到一号文件的实惠"。该合作社托管7万亩耕地，需融资8000万元。由于贷不到款只能与中粮集团合作，按照每千克小麦4分钱支付利息，产生的利润再对半分。2018年该合作社在资金最紧张的时候，县农业局长用自家住房抵押贷款100万元，帮助解决燃眉之急。同时，商水鲁王集团反映，民营企业贷不到款，中储粮要多少贷多少。监利福娃集团因农业发展银行提前撤贷，导致资金困难，面对市场旺盛的客户需求却不得不减产，每年生产损失1000万～2000万元。地方反映中国农业发展银行也"从田里上岸"，转移至基础设施建设融资，而对"三农"的支持有所减少。

六、收储制度不合理亟待改革

托市改革停留在价格调整和前期入库环节，后续轮出处置机制与市场价格形成机制仍然脱节，高库存问题并未有效缓解。基层国库中的陈粮比例偏高、储存时间长，导致粮食变质，成为无效库存。邓州基层粮站现有66.9万吨托市粮，其中2014年的10万吨，占现有库存的14.9%。枣阳36万吨托市粮中，2014年的17.8万吨，占49.4%。据邓州基层粮站工作人员描述，"主产区粮库的粮食已经装到嗓子眼了"。加工企业也普遍反映，中储粮粮库中"粮满为患，粮价还高"。尽管库存高企，粮库中的托市粮却处于基本不流通的状态，托市粮大多以高于市场价挂牌出售，流拍率很高。据邓州粮食中间商安笋反映，2019年自春节至4月上旬河南托市粮成交率不足0.2%；枣阳地方储备库梅主任反映，湖北的成交率几乎为0。进一步了解发现，国家对粮食储备给予74元/吨保管费，保管费是收储企业收入的主要来源，当地流传道"稻花香小麦黄，吃喝全靠中储粮"。托市粮保管费用与收储企业饭碗挂钩是其积极收购粮食、但却无动力流出粮食的关键因素。鲁王集团董事长还反映，河南70%~80%的粮食进入了中储粮的粮库，而加工企业却收不到粮食。"粮食在库里不出来"是许多加工企业的共同感受。加工企业对市场化的呼声很高，"最低保护价带来的收益并没有实际到农民手里，而是到了粮贩和中储粮手里"，粮贩从农民手中以市场价购买粮食，然后再以最低收购价卖给中储粮赚取差价，"粮食实际是到中储粮库里转了一圈"，福娃集团的负责人认为"最低收购价搞乱了市场，搞坏了民心，搞垮了企业"，呼吁"国家顶层设计上应该有培育市场的机制"。

七、高标准农田建设补贴标准不足

"藏粮于地"战略的实施，就是在国家粮食生产功能区全面推进高标准农田的建设，调查所到的县市对这一国家行动高度肯定、翘首期盼。目前，国家对高标准农田建设给予每亩1200~1500元补贴，而据县市政府部门反映，平原地区的高标准农田建设要投入3000元/亩才可达到标准。邓州农技推广服务站主任冀洪策说："现在的补贴标准只能解决水和路的问题。"商水农业局反映，目前的补贴标准太低，3000元/亩可以基本满足建设标准和要求，达到 5000 元/亩才能实现滴灌和水肥一体化。枣阳农业部门反映现在的高标准农田建设"说是高标准，实际是低标准"，由于每亩投入较低，"虽然完成了国家规定的面积指标，但前面建，后面坏"。另外，有些渠道硬化是"面子工程"，没有任何作用。监利的种植大户张彩艳表示，要实现机械化作业，机耕路至少要 3.5～5 米宽，目前机耕路宽度不够，制约机械化作业。

八、土地流转平台隐性剥夺农村土地财富

一些地方探索的"流转—整理—再流转"开发模式，存在利用土地流转平台隐性剥夺农村土地财富的问题。邓州与省国土资源开发投资管理中心共同成立土地开发公司，以每年 600 元/亩的标准，从农民手中将土地经营权流转到公司，共签订流转合同 5966 个，流转土地 6.2 万亩。由开发公司委托专业公司全域设计，集中实施土地整理后产生 3 层收益：一是通过土地整理提升了地力，再流转的土地租金平均每亩达到了 800 元，有 200 元溢价；二是通过整理以后，可以新增农田约 5900 亩，产生额外流转收益；三是整理后新增的 1600 亩建设用地，由省国土开发中心通过建设用地增减挂钩交易，这是一笔巨大的财富。省级国土资源部门有意将控股比例增加到 51%，新增建设用地实施增减挂钩交易产生的收益是省级国土资源部门控股的主要动力。这种开发模式的探索值得肯定，在一定程度上解决了村集体财政困难、耕地碎片化、道路失修等问题，对于盘活粮食主产区土地、资金和技术起到了积极作用。但背后产生的收益，尤其是新增建设用地指标的收益应归谁所有以及收益如何分配的问题，值得进一步深入研究，这些本应该成为振兴乡村的资本财富，要谨防农民农村利益被隐性剥夺。

九、保险公司"不保险"让粮农直接暴露在灾害威胁下

农业保险作为分散风险的重要手段，目前没有发挥出应有的兜底作

用。种粮大户普遍反映，灾后的实际赔付额不高，一亩地缴纳 5.4 元的保费，受灾面积再大，也只赔付 10 元。农业保险还只承保在册面积的农田，土地确权后多出来的面积不予承保。还有粮农反映，保险公司这种赔付方式是引诱性保险，如果一点不赔付，农民不入保险，保险公司就拿不到财政的保费补贴。很多种粮大户表示保费"愿意多交点"，希望保险真正起到灾后"没亏损、少亏损"的作用，"如果忙了一年，最后还把成本给搭进去了，那以后真是没人种地"。如果农业保险可以保收入，农户种粮信心和积极性会大大增强，对于稳定国家粮食安全大有裨益。农户也反映保险公司存在有倾向地选择承保现象，愿意保小麦，因为小麦一般不会绝收，对于玉米、黄豆等容易绝收的作物不愿意承保。在监利座谈时，人保财险公司也反映，农业种植风险较高，不愿意涉足，"做了 3 年的政策保险，赔了 3 年"。另外，农作物种植属于季节性较强的作物，逐户逐地勘灾定损耗时耗力，非常困难。如何利用保险公司助力粮食生产，让保险真正起到"减震器""稳定器"的保障兜底功能，需要统筹考虑、系统推进。

第三节　加快重塑中国粮食政策体系的思考

党的十八大以来，习近平总书记关于粮食安全的系列重要论述，为加强中国粮食安全提供了方向遵循和理论指导。粮食是整个国家稳定的压舱石、社会发展的风向标、经济运行的晴雨表。在推进全面小康的进程中，必须始终坚持做到粮食生产不放松，确保中国人的饭碗牢牢端在自己手中。在此次以及往年的多次调研中，我们深刻感受到粮食稳定发展存在隐患，长期丰收带来的放松懈怠麻痹情绪正在滋长，支持粮食发展的政策措施急需改善加强。目前有关政策惠及粮农力度不强、精准不够、与国际贸易规则对接不紧，粮食市场利益主体各唱各的调、各诉各的苦，经常不在一个调上，尽是"独奏曲"，无法形成"交响曲"。5 年多来，中央深改委审议通过了 400 多个重要改革文件，推出 1932 个改革方案，但还没有一个粮食的改革方案。在新的发展阶段，中国粮食政策体系急需重新理顺各方关系，进行总体设计和系统重塑。新时期的粮食改革方案，要以习近平新时代中国特色社会主义思想和国家粮食安全战略为指导，深化改革，坚持一个中心、做到两个补偿、构建"三位一体"生产支持体系、兼顾两个市场、突出"两藏"。即：坚持市场化改革配置资源这个中心；补偿种粮农民收益、补偿种粮地区利益；兼顾国际国内市场，依靠国际市场调剂量的不足、依靠国内解决质的提升；以高标准粮田为重点推进"藏粮于地"建设，以优质品种及其配套技术、农机转型升级为两翼推进"藏粮于技"发展，加快机制创新，实现技术到田、技术到村。

一、进一步深化粮食市场化改革

坚定粮食市场化改革信念，下狠决心、下大力气迈出粮食市场化改革步伐。充分发挥市场在资源配置中的决定性作用，在国际市场压力下倒逼国内粮食生产转型和技术优化，增强国内粮食竞争力。充分理顺粮食市场各方关系，促使国内市场价格机制形成。破除资源流动的体制机制障碍，以市场确定资源流动方向，提高资源利用效率。增强收储机制灵活性，取消超期超标储备粮顺价销售要求，随行就市加快旧粮轮出。稻谷和小麦应仿照玉米改革方案加快向市场化过渡，政府收缩收购范围，给市场博弈、市场运作留足空间。以更为市场化的补贴、信贷、保险等措施，让政府保护退居幕后，真正发挥调控和辅助作用。建立符合农业产业特征的金融支持体系，去除粮食各主体参与粮食市场化运作的资金约束，释放各主体参与市场竞价、市场化收储的积极性，促进粮食竞价、流通收储的市场化。

二、加快构建定量核算、按量补还"两个补偿"体系

多年来粮食主产区"背着包袱抓粮食，抓了粮食背包袱"的困境一

直无法改变。要从顶层设计上统筹建立粮食专项发展补偿体系，着力开展中央政府向主产区转移、主销区向主产区转移的"两个转移"发展补偿机制。监利福娃集团负责人建议，将现在对粮食加工企业的免（减）税优惠额度作为中央对地方税收定量返还的核算依据，进一步加大中央财政对粮食主产县市的专项转移支付力度，增强产区财政能力和调配余地。这一建议值得重视和进一步研究。要建立主销区与主产区对口利益补偿关系，依据粮食净流入量、粮食生产资源消耗，对标全国人均 GDP 水平、农民人均可支配收入，估算主产区发展补偿规模。

三、加快构建保障有力的补贴、保险与贷款"三位一体"生产支持体系

玉米临储取消、价补分离充分激发了市场活力，建议在总结玉米生产者补贴经验的基础上，取消稻谷小麦最低收购价政策，全面实行粮食生产者补贴。在春播前及时公布补贴方案，稳定种粮农民生产预期。以信贷和保险方式促进调控手段市场化，加快建立市场化的信贷和保险补贴方式。支持发放种粮中长期贷款，对农民开展农业生产、建设仓储烘干设备等与农业生产密切相关的投资活动给予税收减免、财政贴息、融资担保等扶持政策。结合种植作物周期调整农民还贷梯次，延长或缩短贷款期限不等数月，实行错峰还贷。对当地农业发展银行、农业银行、农村信用社等设定涉粮贷款业务指标，避免涉农银行"脱农"，确保涉农银行切实为农业和粮食产业发展服务。增加保险保障类型，将市场风险同自然风险一道纳入保险范围。放宽"绝收才保"的隐性限制，按照受灾面积、成灾面积占种植面积的比重进行保险赔付。适当提高保费标准，同时将赔付标准提高为种植成本保障，例如 20 元/亩保费保障 800 元/亩的种植成本，在部分经济发达的地区提高到种植收益保障，对有能力的粮食加工企业开展粮食收购贷款服务，促进粮食收购市场化，增加市场主体收粮、储粮积极性，促进价格市场化形成，降低政府储粮负担。

四、实行绿色优质粮食发展政策

组织农业部门、企业、农业生产者共同选择优质品种，着力增加绿色优质、营养健康粮食及粮食制品供应。粮食生产要从重视产量考核转到更加重视质量、做到数量与质量兼顾。要按照优势农产品区域规划布局的要求，继续推进粮食优质品种专区种植。建议在全国全面开展绿色优质品种专种、专管、专收、专储、专用行动，制定相应的政策措施，变绿色为效益，通过优质来提升粮食效益。要大力开发优质、营养健康的粮油新产品，拉长产业链，增加多元化、定制化、个性化产品供给，促进优质粮食产品的营养升级扩版。

五、建立与WTO规则相适应的支持体系

调整最低收购价政策执行范围和执行标准，减少与粮食产量、价格之间的挂钩关联，直至取消。采用基期产量或者面积值，作为提供补贴标准，促使黄箱政策"蓝色化"。以"藏粮于地"为依托，加大对农业基础设施、高标准农田建设的支持力度，提高区域农田建设的科学性，将高标准农田建设的补贴资金提高至3000元/亩，切实夯实粮田高产稳产的基础。对当前粮食生产中面临的关键重大科学难题，实施技术攻关、技术集成、转化推广等"绿色化"专项补贴。及时向WTO提交综合支持量测算依据方法和综合支持量数据，尤其是大米、小麦和玉米的分品种综合支持量数据，以纠正并消除外界误解，化解由此带来的负面冲击。加强研究中国未来粮食支持政策及其对综合支持量的可能影响，确保与世界贸易组织规则对接。

六、"断崖式"改革现行粮食收储政策

政府托市收储政策逐渐让位于市场收储，减少托市价格对市场价格

的干扰和影响。对于患政策依赖症的收储企业，实行保管费用总包干制（每3年150元）或者梯次降低制，保管费用逐年降低，直到第四年不再支付。托市粮拍卖采取按年份逐级折价拍卖，在市场价格较低的年份，参考中央储备粮轮换规定，按照市场价格拍卖，消除托市粮轮换的制度障碍。逐步收缩托市储备，将政府储备回归备战备荒的战略储备本位，将财政资金转移到市场流通渠道的构建上来，鼓励市场主体参与市场购销，形成与战略储备相配合的社会储备体系。

（执笔：钟钰、普蕈喆、牛坤玉、张琳、秦朗、袁龙江、陈萌山）

第十一章

粮食"不愁吃"的保障机制
存在明显短板

——基于云贵两省六县（市）的调研

为深入了解贫困地区粮食发展问题，特别是其粮食"不愁吃"的保障问题，2019年7月下旬，中国农业科学院"中国粮食发展研究"课题组赴云贵两省开展调研。云贵是国家脱贫攻坚的主战场，又是粮食产销平衡区，调研其粮食发展状况对研究贫困地区和产销平衡区的粮食安全保障，具有典型性、代表性和借鉴意义。我们先后调研了6个县（市），其中既有织金、宣威、富源等当地粮食大县，也有普定、水城、宜良等粮食产量较小的县。课题组深入基层、深入农户、深入田间，与县乡村的干部、技术人员、种粮农户广泛交流，走访了10家粮食加工（饲料）企业、3家种业公司、9家粮油经销商（供销社）、5家粮食和经济作物合作社、10个种粮农户、2个粮食科技示范园（中心）、4个地方粮食储备库，召开了6次座谈会，与两省农科院领导专家交换了意见，直接接受访谈的达173人。课题组白天下乡调研访谈，晚上集中讨论，以求吃透下情、洞彻事理。总体来看，云贵两省粮食发展呈现不少亮点，但粮食产不足需的问题日益突出，正加速由产销平衡区向销区滑落，粮食安全保障的潜在风险日益积累，补齐产销平衡区粮食生产短板、建立粮食"不愁吃"保障机制刻不容缓。

第一节　云贵两省粮食发展的成就与问题

一、粮食发展为打赢脱贫攻坚战、全面建成小康社会奠定了基础，但综合生产能力提升缓慢

近年来云贵两省认真落实国家政策，深化农业供给侧结构性改革，围绕粮食发展问题，采取划定粮食生产功能区、签订管护责任书、落实种粮惠农政策、实施科技增粮等措施，力保粮食产量稳定。通过调整粮食种植结构，大力推广马铃薯、魔芋、青贮玉米等特色粮食种植，发展深加工，丰富了粮食市场供应。

一是粮食总量稳定增长。2004年贵州粮食产量为1149.6万吨，2018年为1059.7万吨，这期间的14年里，除2011年大面积旱灾导致粮食下降到876.9万吨，其他年份产量都在1000万~1200万吨，波动系数基本在10%以内，增产贡献主要来自玉米和马铃薯，玉米产量由2003年的334万吨增加到2017年的441万吨，马铃薯产量由2003年的142万吨增加到2016年的242万吨。云南粮食产量则不断上升，总产量由2004年的1509.5万吨增加至2018年的1860.5万吨，增长了23.3%。其中粮食总产量增加的贡献主要来自玉米，由2004年的425.7万吨增加到2017年的912.9万吨，而稻谷产量减少，由2004年的639.4万吨下降到2017年的529.2万吨。

调研的六个县（市）2018年粮食总产量214.5万吨，较2004年上升36.7%，其中贵州的普定县、织金县以及水城县2018年粮食产量为71.5万吨，较2004年增长了8.0%；云南的宣威、富源以及宜良粮食总产量达到143.1万吨，较2004年增长了57.5%。种植技术进步是确保稳产的关键，许多有效促进高产稳产的措施来源于丰富的基层生产实践。在宣威落水镇玉米高产示范区，镇党委书记总结道：优质品种、机耕机播、

黑膜覆盖、间作套种马铃薯豆类、深耕松土以及绿肥种植是保障玉米高产的六大举措。宣威普立乡在玉米种植的基础上发展酿酒业、生猪养殖业，有效稳定粮食面积的同时促进了农民增收。普定县化处镇种植大户袁道明表示，只要管理、技术到位，且市场需求匹配，玉米并非低效作物，种一季鲜食玉米，一亩 4000 株，一株 1 个棒子，毛收入超过 7000 元/亩。

二是特色粮食亮点突出。云贵两省利用立体气候的优势，大力推进马铃薯主食产业化，实现总产持续增长。其中贵州面积产量稳居全国第二，云南面积产量稳居全国第三，对稳定粮食产量发挥了重要作用。两省出台有力措施，积极发展特色粮食生产。2018 年贵州安排专项资金，用于马铃薯主食化品种研发、原种扩繁、标准化种薯基地以及商品薯基地建设。普定县化处镇积极探索"青贮玉米 + 马铃薯"轮作模式和"两季青贮玉米 + 错季套种马铃薯"模式，收益可达 7000 元/亩。宣威推进马铃薯三季串换（小春、大春、晚秋）和玉米、马铃薯间套作技术以及烟薯套种技术，提高了复种指数，扩大秋荞、豆类等小杂粮种植，确保了粮食面积稳定。富源探索的"玉米 + 魔芋"轮作模式，将结构调整、粮食安全和农民增收有机统筹起来。水城推广特色红米水稻种植 1000 亩，每亩收益可达 5000 元，既保障粮食安全，又有利于脱贫攻坚任务的落实。

三是食物供给进一步丰富。云贵两省通过推广高原特色农产品，丰富了食物供给结构。织金针对 25 度以上的坡耕地，提出了种植业"5211"的产业发展思路，推广皂角 50 万亩，蔬菜 23 万亩，竹荪 10 万亩，其他 10 万亩。水城县大力发展茶树菇等特色产业，依托万亩桃林发展林下经济，通过"资源变资产，资金变股金，村民变股民"的三变模式，开辟了脱贫致富的新路径。宣威利用当地的资源禀赋，打造花椒、水果、辣椒、中药材产业带，推进海岱刺梨、龙场苹果、西泽高效水果、杨柳花椒、务德辣椒、热水灯盏花、凤凰葡萄等特色经济作物种植。发展特色农业丰富了当地食物供应，促进了农民增收，为乡村产业兴旺奠定了良好基础。

云贵粮食产业发展既有可喜之处，又面临着挑战和问题，粮食综合生产能力存在明显短板，保持增长甚至稳定都有难度。突出表现为"两低两弱"，即规模化生产水平低、机械化作业水平低、抗自然灾害能力弱、基层农业技术服务能力弱。

一是规模化生产水平低。云贵高原粮田耕作区主要为高山缺水的喀斯特地形地貌，土地细碎化程度高，不易实现种植规模化。织金农业部门介绍，在当地种植面积达到 20 亩以上就算种植大户，而且全县 1000 多个种植大户中，仅有 100 户是纯种粮食的，规模最大的种植面积 500 亩，主要是马铃薯套种玉米。宣威的粮食生产基本是单家独户，耕地流转率仅 10%。由于没有适度规模经营，粮食生产成本和管理成本偏高。普定化处镇水井村的董书记算了一笔账，即"种粮没什么来头"，稻谷每亩毛收入 1000 元，打一亩田需要 300 元，加上插秧、育秧、中耕、打药、施肥、抽水等环节合计需要 540 元，每亩需要 5 个人工，按照一个人工 70 元计共需 350 元，所以"养儿不计饭食钱"，否则种粮算上自己工钱是亏本的。宣威落水镇的农民杨晓华反映，他种植玉米每亩毛收入 1000 元，扣除成本 750 元后所剩不多，"自己的工贱卖给自己"。

二是机械化作业水平低。目前机械化作业主要集中在耕地环节，播收还主要依靠人力畜力。2018 年织金、宣威和宜良的粮食机械化率分别为 15%、30% 和 52%，远低于全国粮食机械化率 80% 的平均水平。普定化处镇水井村村民王顺斌讲，由于土地破碎、规模狭小，没有太适合的机械，目前只在整地环节使用了微耕机。云南省农科院肖植文研究员指出，要想在云贵高原山区提高农业机械化率，机耕道建设是短板，而机耕道建设属于交通、农业、地方"三不管"的真空地带，加强机耕道建设，属于花小钱办大事。

三是抗自然灾害能力弱。云贵农业基础设施薄弱、农田水利不配套，贵州有效灌溉面积比重仅为 24.7%，云南为 29.8%，位列全国倒数第 1 和倒数第 5，远低于 50.3% 的全国平均水平。据云南省农科院肖植文研究员介绍，云南粮食亩产 500 千克以下的低产田高达 4797.9 万亩，将近占耕地面积的一半，而且玉米、马铃薯等粮食作物又大多被挤压到中低产田上，这些中低产田受自然灾害影响大，产量不稳定。水城农业局工作人员表示，如果这些中低产田能真正做到旱能灌、涝能排，一亩地增产几百千克不成问题。织金发改局的工作人员也提到，工程性缺水是当地粮食高产、稳产的重要制约因素。富源农业部门反映，目前农田基础设施建设补贴标准较低，仅为 1300 元/亩，要真正实现土地平整、机械耕作、旱涝保收，至少要 4000～5000 元/亩的投入。虫害和霉变问题是影响粮食生产的重要因素，尤其云南是外来生物入侵的第一站，草地贪夜蛾、黏虫、蚜虫、螟虫轮番来袭，虫害防治形势非常严峻。宣威的种业公司表示，一旦不打药，粮食将会严重减产。有的人家外出后疏于管理，虫害严重，而统防统治可以显著降低虫害管理成本。近年来玉米霉变问题突出，由于当地的仓储和烘干设备缺乏，普遍采取自然晾干玉米的方式，赶上雨水后极容易发生霉变。宜良饲料产业园区企业反映，本地玉米黄曲霉毒素超标 50% 以上，猪对毒素非常敏感，他们做猪饲料基本不采购当地玉米，所需玉米主要从黑龙江、内蒙古等地调运。

四是基层农业技术服务能力弱。规模经营程度低与农业技术人员匮乏、社会化服务水平跟不上有关，农业技术推广工作体制机制存在障碍，技术推广面临"最后一公里"的难题。在织金县，脱毒种薯比普通种薯增产 30%，而当地不少农户种薯还使用自留种子。据普定农业局反映，一般乡镇农技站 13～15 个编制，但是没有把主要的技术力量全部投入农业技术推广中，只有 2～3 个人在做农业领域的事。织金农业局反映，乡镇农业技术人员隶属乡政府，农业局无法左右农技人员的业务，乡镇农技推广人员大部分被抽调从事党委政府中心工作。宣威宝山镇农业综合服务中心主任陈兴片认为，农业生产以承包农户为主体，土地细碎化严重，农技服务力量与分散小户的经营需求不成比例。同时，乡镇农技站补充聘用人员主要是非农专业的大中专生和退伍军人，人员素质参差不齐，有过农技专业背景的也存在知识老化，多年得不到系统培训。

二、两省不可逆转地从产销平衡区滑向销区，粮食保障机制亟待强化

21 世纪以来，中央对粮食安全高度重视，2003 年 12 月财政部印发

《关于改革和完善农业综合开发若干政策措施的意见》，根据各地主要农产品产量等主要指标划定粮食主产区。2004 年全国农业和粮食工作会议上进一步划定了粮食主产区、产销平衡区和主销区。根据当时的粮食生产和供给情况，云南贵州被划为粮食产销平衡区，经过十多年的发展变化，两省粮食自给水平不断下降，根据笔者测算贵州自给率从 2003 年的 85.5% 下降到 2018 年的 53.4%，同期云南从 100.7% 下降到 69.8%，下降最多的还是口粮。

一是粮食产需缺口逐年增加。随着人口增长、养殖业发展和城镇化率提高，云贵粮食需求量显著增加，产量增长赶不上消费增长。从普定县小青山农贸市场经销商反映的情况来看，近两年本地稻谷产量下降，扣除农民自留口粮外，只有很少部分能进入市场流通。一位贾姓经销商介绍，本地产的双普米数量太少，全县人吃两天都不够。当地粮食主管部门也表示，普定已从过去粮食产需基本平衡转向粮食供给偏紧，目前口粮消费缺口达 46%。织金县是人口大县，过去高度重视粮食生产和口粮供应，现在自给率也明显下降，据该县金星粮食购销公司总经理张进介绍，织金 20 世纪 50 年代还有商品粮输出，20 世纪 60 年代转为输入，10 多年前粮食自给率仍有 80%，现在仅为 58%，其中口粮自给率更低。按照全县常住人口 70 万人、每人每年 150 千克计，需口粮 10 万吨，但自产稻谷 3.2 万 ~ 3.5 万吨，自给率仅为 35%。水城县过去主要吃玉米，农业局负责人说当时产量基本能够自给，现在改吃大米，但本地水稻产量仅 1 万吨。宣威是云南省粮食生产先进市、全省粮食第一大县，但粮食局刘桂华局长反映宣威其实也是缺粮大市，全县粮食总产大致仅够生猪饲料用量，口粮 95% 以上外调。富源县大米占主食的 80%，农业局负责人表示，受水改旱影响，当地稻谷种植面积和产量锐减，从过去的稻谷产销平衡区演变为销区。宜良过去有"滇中粮仓"的美誉，但如今农民种粮的很少。从调研看到，六县（市）不论是粮食生产大县还是生产小县，自给程度均不同程度下降。

二是粮食调入数量居高不下。由于粮食产不足需，云贵粮食调入数量不断增加，对外依赖程度越来越高。课题组清晨 5 点到普定小青山农贸市场调研，某贾姓经销商告诉我们，当地销售的几乎 100% 都是东北米，合汇商埠老板也表示目前本地"老百姓米袋子、饭碗里装的全都是东北米、河南面"。调研发现，市场中有相当一批是近年来新涌入的经销商，合汇商埠就因市场预期见好于 2019 年 5 月成立公司，走向公司化运作东北米。据他讲，随着粮食调入规模增加，还会有新的粮油经销商纷纷加入。织金的粮食综合产业园负责人介绍，当地 70% 以上的粮食需要靠市场调节。根据金星粮食购销公司总经理张进估计，织金每年需要从省外购入粮食 30 万吨，主要来自东北、河南、湖北和湖南。香腾绿色食品有限公司也反映，他们从 2015 年以后大规模采购东北大米，本地稻谷仅占原料的 5%，而目前粮食购入数量还在不断增加。水城县城镇居民手中每 1 千克米就有 0.6 千克来自当地永恒米业公司，而据公司负责人介绍他们上年销售的 9000 吨大米全部来自东北。宣威粮食局刘桂华局长表示，当地消费的大米和面粉 99% 依靠黑龙江、吉林、安徽、湖北等省调入。富源县领导介绍，每年有 70% 的大米需要从县外和省外购进，购入 6 万吨。当地精粮坊米业公司 70% 的货源来自东北，他们承担的县级大米储备也几乎全部来自东北。宜良县除了极少部分优质大米以外，口粮甚至饲料粮也以外省购入为主。六县（市）粮食调入数量不断增加的现象是云贵两省粮食对外依赖程度不断提高的真实写照，从总量上来看，2012～2017 年贵州粮食调入数量从 367 万吨增加到 461 万吨，年均增长 4.7%；2007～2017 年云南粮食调入量从 205 万吨增加到 444 万吨，年均增长 8%。

三是长距离大规模的流通机制不畅。两省粮食调入规模越来越大，但主要是依靠市场自发形成的小规模分散流通机制，中转仓储设施比较落后，不能满足日渐增长的运输和分销需求。普定粮食局表示当地没有规模性的粮食经销商和粮食转换企业，所需粮食基本是由个体户在贵阳、安顺等地进货，零星销售。"北粮南运"纵跨整个中国，铁路运力在冬季冰冻等特殊情况下充分暴露问题，普定小青山农贸市场的合汇商埠反映，夏季从东北运粮一般需要 1 周，冬季冰冻、运力紧张则需要 2～3 个月，他们不得不从 11 月就开始囤粮。受省内高山丘陵地形制约，缺乏高效顺畅的物流分销体系，织金金星粮食购销公司总经理张进回忆，2008 年冰冻灾害老百姓恐慌抢粮，他们不得不依靠警车开路、一路撒盐从平坝区调粮，时间和运费是平时的 5~6 倍，恶劣交通条件成为粮食稳定供应的"肿瘤"隐患。织金富勇粮油和信军粮油批发部的负责人反映，过去织金有火车货运站时，从火车站到工厂的运费仅需 20 元/吨，支线火车站取消后从安顺市接货后的汽运成本高达 100 元/吨。另外，调研发现两省粮食经销商大多没有规范的仓储设施，普定小青山农贸市场的多位经销商反映，夏季存粮容易长虫，由于没有合适的仓库，他们大概半个月调一次粮，随进随卖。除了私人仓储以外，国有仓储设施情况也不容乐观、严重老化。织金粮食局介绍，当地地方国有企业仓容 2.8 万吨，完好仓容只有 2.1 万吨，其余都是需大修或待报废的仓库。普定部分国有粮食仓库仍靠木梯、绳索上下。宣威大部分储粮设施还是 20 世纪五六十年代建设的"苏式仓、马步梁"，粮食局刘桂华局长估算修葺和新建仓库需要 1.9 亿元，而目前中央、省级拨款和自筹资金仅 7060 万元。很多地方国有粮库历史包袱沉重，织金县金星粮食购销公司有在岗职工 35 人、内退 28 人、遗属遗孀 57 人、退休人员高达 247 人，维持运营困难，体制机制僵化问题仍未破题，难以承担调控市场的功能。

以上情况表明，云贵正在从粮食产销平衡区退化为销区，退化趋势正在加快、退化程度不断加深。造成这一演化势头的原因是多方面的，除了粮食综合生产能力普遍不高制约产量增长以外，还与两省加大生态建设、退耕还林还草有一定关系。云贵生态环境脆弱、土壤侵蚀严重，是全国退耕还林工程的重点区域，大面积生态修复在一定程度上缩减了两省粮食面积。但是，对粮食安全认识有偏差，结构调整与脱贫攻坚没有有机对接，也是形成这一局面的原因之一。

在粮食安全认识上，中央对产销平衡区确保粮食生产稳定、实现区域粮食供需基本平衡的要求是明确且一贯的。从云贵两省实际情况看，立足区域内努力保持粮食较高水平自给是有潜力的。从调研的情况看，基层干部和农民群众的种粮积极性普遍下降，粮食生产投入不足。宣威农业局负责人反映，从 2017 年开始用于粮食高产创建扶持资金在减少，而现在已无与技术相关的扶持资金，抓粮食生产的基本条件逐渐弱化。普定县化处镇水井村村民王顺斌给我们介绍，村民们都认为"种粮没什么来头",和他一样 40 多岁的人几乎都外出务工了,各家尽可能改种经济作物,不合适种经济作物的才种水稻,估计再过 10 年就没人能种粮了。全国最美农技员、宣威宝山镇农业综合服务中心主任陈兴片反映,相当一部分瘠薄荒凉边远地块被遗弃撂荒,甚至好田好地也被撂荒。他在工作中了解到一位农技人员下乡指导春耕生产,动员村干部把自家撂荒土地耕种上,而村干部表示宁愿倒贴钱都不愿种地,农技人员哑口无言,只能尴尬地终止劝说。现在撂荒现象突出,甚至有愈演愈烈之势,调动农民积极性迫在眉睫。

同时,一些地区在脱贫攻坚、产业振兴中片面强调粮食种植效益偏低,使得结构调整中粮食面积大幅度调减。玉米和马铃薯已经成为过去十几年粮食稳定和增产的主要作物品种,口粮水稻总体减少,贵州大面积调减玉米,云南也面临玉米结构调减压力,照这种趋势发展意味着今后两省粮食产量会出现由稳定转向减产,这种政府部门主动的引导会进一步加重目前供销失衡的局面。在贵州笔者了解到,一些地方把玉米当作低效作物,在传统玉米优势种植区和难以替代的玉米产区也改种其他作物。民间盛传"吃玉米代表贫穷""要致富,铲掉玉米是出路",粮食生产与脱贫攻坚在无形中被对立起来。另一位种子公司负责人也表示,贵州一些地方"种玉米所有补贴就没了",农民转种特色经济作物,该公司专门针对贵州研发的玉米品种过去每年能卖 1000 多吨,现在只能卖几百吨。根据种业公司分析,云南玉米面积 2017～2018 年下降 10% 左右,贵州可能减少 50% 左右。有的地方号召调减玉米改种经济作物,但实际上首先被调减的都是灌溉条件好、坡度平缓的坝区稻田。普定县化处镇号召大力发展韭黄产业,水井村农民抱怨:"过去我们种植水稻,现在盲目跟风改种韭黄,因稻田地势较低,致使韭黄都被淹了。"

三、双向发力,加大主产区支持、强化销区责任,巩固国家粮食安全保障体系建设

云贵粮食生产情况和供求关系变化以及映射出的问题带有普遍性,

进入 21 世纪以来，全国 11 个产销平衡区粮食自给率总体处于下降通道，不少省份加速滑向销区。2003 年，11 个产销平衡省份平均自给率为 97%，到 2018 年除新疆和宁夏继续保持高水平自给外，剩下的 9 个省份平均已下降到 58.5%，下降了 38.5 个百分点，其中青海粮食自给程度（31%）已经接近主销区的海南（28.6%）和天津（24.9%），重庆粮食自给率下降幅度最大，由 116.2% 下降到 63.1%，下降了 53.1 个百分点。

粮食产销平衡区向销区滑落既有客观原因，也有对粮食安全保障认识不足的因素，特别是在主产区大幅增产、全国粮食连续获得 14 年丰收、总量基本平衡的形势下，产销平衡区粮食生产压力减小，对国家和粮食主产区依赖增加。长此下去，不仅会导致产销平衡区粮食综合生产能力不断下降、区域供需平衡能力进一步削弱，而且造成粮食产业风险高度累积，给粮食"不愁吃"的长效保障机制带来重大隐患。

一方面，加重中央政府保障粮食安全的压力。中央要求粮食产销平衡区从"力争多做贡献"到"压实粮食生产责任"，从生产平衡到收储、流通平衡，定位越来越清晰。然而产销平衡区供需矛盾加剧，不断增加粮食调入量，实际上是向中央转嫁粮食安全责任和风险，加剧地方对中央的依赖。在市场机制上会进一步收窄中央调控空间，压缩中央调控手段，不利于形成央地良性互动的粮食安全保障机制。另一方面，加重主产区粮食增产的压力。平衡区的产销缺口会通过粮食流通转化为主产区的生产压力，加剧主产区"背着包袱抓粮食，抓了粮食背包袱"的恶性循环。平衡区将粮食视为"低效作物"进一步调减，是将更多发展机会留给自己，将发展成本转嫁给主产区。这样的做法实际是剥夺了主产区发展机会，对主产区是不公平的。加重粮食跨区域流通的压力。大规模粮食调运使粮食流通压力骤增，在政府流通调控机制不完善的情况下，小规模分散的流通体系、传统落后的仓储设施放大了流通风险。在水城县米箩镇 3000 米的盐井山上，一位正在猕猴桃园打工的农民告诉我们，他家五亩粮田被流转改种果树，一日三餐的口粮靠集市购买，从家里到集市翻山越岭要走三个小时。现在米箩镇不产米，集市上的大米都来自

6000 公里以外的黑龙江。这里的农民千里运粮、百里买粮，这其中可能出现的不利气候、突发灾害是难以预料的，手中的饭碗不知将面临多大的风险。

第二节　政策建议

2020 年是脱贫攻坚的收官之年，也是全面建成小康社会的决胜之年。从现在看，实现现行标准下农村贫困人口"两不愁三保障"，特别是粮食"不愁吃"的目标如期实现，但是"不愁吃"的保障机制还存在明显短板，亟待补齐和巩固。2019 年 7 月，中央全面深化改革委员会第九次会议直击相关领域的短板和痛点，强调要紧密结合"不忘初心、牢记使命"主题教育，推动改革补短板、强弱项、激活力、抓落实，这是直指中国经济社会发展的不平衡、打赢脱贫攻坚战、决战全面建成小康社会目标作出的重大战略部署。从全局看，农业尤其是粮食存在的问题仍然是全面建成小康社会的短板和弱项，切实增强粮食安全观念、提升粮食综合生产能力、建立稳定的"不愁吃"长效保障机制，是农业农村工作需要研究的重大命题。要进一步贯彻粮食安全重任的指示精神，从组织领导和政策措施两头推动，从粮食主产区到销区双向发力，加强粮食安全保障体系建设，夯实国家粮食安全战略根基。

一、把粮食区域保障上升为国家粮食安全战略

粮食消费具有广域性、公共性和不可间断性，保障粮食安全不仅是中央的责任，也是地方的责任。扛稳粮食安全重任，就要强化粮食安全省长责任制考核，以省级行政区域为基本单元，提升区域的粮食自我发展保障能力。近几年来，中央对粮食区域的要求和政策没有得到很好落实，对各地粮食保障水平的变化没有严格考核，一些不利于粮食区域平衡的苗头和问题也没有及时消除。为此，建议把粮食区域保障要求上升

到国家战略，分区研究加强粮食生产能力建设，明确各自在粮食安全保障方面的责权利。主产区要多产粮、多贡献商品粮，为国家粮食安全挑重担。销区要确保一定的粮食自给水平，以2006~2008年自给率为基数，设定自给率考核标准。平衡区要立足实现农村人口或城乡居民口粮完全自给，饲料用粮、工业用粮依靠市场调剂。将这些指标纳入全省粮食发展目标，通过粮食安全省长责任制予以考核落实。

二、提升销区和平衡区粮食流通保障能力

现有粮食储备主要压在产区，从2003年和2008年的粮食抢购事件来看，这样的布局不利于保障国家安全。流通保障能力涵盖通畅高效的运输体系、完善可靠的仓储体系、经销商主导与政府有效调控相结合的运营体系。要加大投入，建立起产区与销区、平衡区之间高效的运输仓储系统。一方面，多渠道开发仓储设施，为经销商提供租赁服务，建立共享式仓储，解决其夏季无法存粮、冬季调粮困难的问题；另一方面，完善粮食购销网点体系，依据主销区的交通条件、服务辐射半径等，构建不同级别的粮食分销网点，实现粮食流通便捷、高效。同时，破解地方粮食企业经营改革难题。针对粮食行业改革遗留的老人、老粮、老账问题，要采取刮骨疗毒般的措施，由地方政府一次性兜底，把退休职工看病、遗留债务等纳入财政预算全盘系统解决，而非打补丁式地简单维系，加快地方国有粮食购销企业市场化改革与资产重组，卸掉包袱、轻装上阵，发挥其对粮食区域平衡的能力。

三、进一步加大对粮食主产区支持力度

主产区承担保障全国粮食安全的责任越来越大，中央要从顶层设计上统筹建立粮食专项发展补偿体系，着力开展中央政府向主产区一般性财政转移支付、主销区向主产区的收入补偿性转移支付，依据粮食净流入量、粮食生产资源消耗，对标全国人均GDP水平、农民人均可支配收

入，估算"两个转移"规模。从人、财、物等方面完善支持粮食主产区的举措，发挥政策"组合拳"效能，充分挖掘品种、技术、减灾等稳产增产潜力。建议在制定全面建成小康社会补短板的政策过程中，将粮田机耕道建设、粮食作物统防统治作为两个短板，出台财政支持政策，给予重点支持。中央对于主销区、平衡区的产粮大县也要同等支持。同时，要求主销区和产销平衡区对于自身的粮食主产区要增加"藏粮于地""藏粮于技"投入。

四、统筹粮食生产与脱贫攻坚的协同关系

实现农村贫困人口"两不愁三保障"，其中"不愁吃"则与粮食生产密切相关，可以说粮食安全是我们进入小康社会的钥匙，持续稳定的脱贫必须要有稳定的粮源作保障。粮食生产为脱贫攻坚提供了长效内在动力和外在保障，是巩固扶贫攻坚成果、防止系统性区域性返贫的最重要物质基础。不能将两者割裂起来，甚至对立起来，要建立起脱贫攻坚与粮食生产的辩证统一关系。在传统粮食优势种植区，要加快补齐农田基建、统防统治、社会化服务的短板，降低粮食种植成本，同步推广优质品种、绿色高效种植模式，提高粮食生产收益。做大做强薯类、青贮玉米等特色粮食作物，发挥其高产优势，实行区域内粮食品种统一化、专用化和优质化，为脱贫攻坚和乡村振兴提供有力的产业保障。有条件的地区，发展以地方优质特色品种为主的绿色生态粮食产业，主打品质牌，以优质优价拓展农民增收和产业兴旺渠道。

五、全面深化改革粮食政策

我国粮食政策体系急需深化改革，理顺关系，重构体制机制和政策体系。建议有关部门尽快组织研究，提出系统性粮食安全保障方案，报送中央深改委审议。要以习近平新时代中国特色社会主义思想和国家粮食安全战略为指导，深化改革，破除资源流动的体制机制障碍，以市场

确定资源流动方向，倒逼国内粮食生产转型和技术优化，增强国内粮食竞争力。以更为市场化的补贴、信贷、保险等措施，让政策保护退居幕后，真正发挥政府调控和引导作用。

（执笔：普蒉喆、牛坤玉、刘明月、张宁宁、秦朗、钟钰、陈萌山、袁龙江）

参 考 文 献

[1] 曹慧, 张玉梅, 孙昊. 粮食最低收购价政策改革思路与影响分析 [J]. 中国农村经济, 2017 (11): 33 - 46.

[2] 陈强. 高级计量经济学及 Stata 应用 [M]. 2 版. 北京: 高等教育出版社, 2014: 537 - 574.

[3] 陈铁, 孟令杰. 土地调整、地权稳定性与农户长期投资——基于江苏省调查数据的实证分析 [J]. 农业经济问题, 2007 (10): 4 - 11, 110.

[4] 陈新达. 粮食宏观调控政策改革对粮食价格的影响——基于可计算一般均衡模型的模拟与分析 [D]. 北京: 中国人民大学, 2015.

[5] 程国强. 中国粮食调控: 目标、机制与政策 [M]. 北京: 中国发展出版社, 2012.

[6] 程郁, 叶兴庆. 借鉴国际经验改革中国农业支持政策 [J]. 学习与探索, 2017 (3): 113 - 119.

[7] 崔明明, 聂常虹. 基于指标评价体系的我国粮食安全演变研究 [J]. 中国科学院院刊, 2019, 34 (8): 910 - 919.

[8] 丁少群, 赵晨. 农业保险逆选择行为的生成机理及规避策略研究 [J]. 西北农林科技大学学报 (社会科学版), 2012 (6): 55 - 60.

[9] 董莹. 全要素生产率视角下的农业技术进步及其溢出效应研究 [D]. 北京: 中国农业大学, 2016.

[10] 杜鹰. 当务之急是完善重要农产品价格形成机制 [J]. 农村工作通讯, 2017 (2): 47.

[11] 段玉婉, 刘用, 杨翠红. 中国耕地面积变化及分区域面板数据建模分析 [J]. 统计与决策, 2012 (3): 116 - 119.

［12］方婷玉．城镇化背景下我国耕地利用状况及流转模式探讨［J］．山西农经，2020（22）：26－27，5．

［13］方修琦，郑景云，葛全胜．粮食安全视角下中国历史气候变化影响与响应的过程与机理［J］．地理科学，2014，34（11）：1291－1298．

［14］冯海发．对建立我国粮食目标价格制度的思考［J］．农业经济问题，2014（8）：74．

［15］冯文丽，林宝清．我国农业保险短缺的经济分析［J］．福建论坛（经济社会版），2003（6）：17－20．

［16］冯文丽．农业保险市场中的信息不对称及解决对策［C］//中国保险学会．中国保险学会首届学术年会论文集．2009：8．

［17］高鸿业．西方经济学微观部分［M］．5版．北京：中国人民大学出版社，2011：373－410．

［18］高鸣，宋洪远，Michael Carter．粮食直接补贴对不同经营规模农户小麦生产率的影响——基于全国农村固定观察点农户数据［J］．中国农村经济，2016（8）．

［19］高鸣，王颖．农业补贴政策对粮食安全的影响与改革方向［J］．华南农业大学学报（社会科学版），2021，20（5）：14－26．

［20］高晓燕，祝凯月．非农化、非粮化的潜在影响及治理［J］．开发研究，2020（5）：141－147．

［21］郜亮亮，黄季焜，Rozelle Scott，等．中国农地流转市场的发展及其对农户投资的影响［J］．经济学（季刊），2011（4）：1499－1514．

［22］［美］格里高利·曼昆．经济学原理：微观经济学分册［M］．6版．北京：北京大学出版社，2012．

［23］巩前文，张俊飚，李瑾．农户施肥量决策的影响因素实证分析——基于湖北省调查数据的分析［J］．农业经济问题，2008（10）：63－68．

［24］郭树华，蒋冠，王旭．中国农业保险经营模式的选择研究［M］．北京：人民出版社，2011：1－9．

［25］郭珍，吴宇哲．基本农田保护制度应优先于耕地总量动态平衡

制度［J］. 湖南财政经济学院学报，2016，32（2）：54 - 62.

［26］［美］哈尔·R. 范里安. 微观经济学：现代观点［M］. 7 版. 上海：格致出版社，2010.

［27］韩昕儒，张玉梅，胡向东. 中国农业产业发展报告 2019［M］. 北京：中国农业科学技术出版社，2019.

［28］韩昕儒，张玉梅，胡向东. 中国农业产业发展报告 2020［M］. 北京：中国农业科学技术出版社，2020.

［29］何浩然，张林秀，李强. 农民施肥行为及农业面源污染研究［J］. 农业技术经济，2006（6）：2 - 10.

［30］贺伟，朱善利. 我国粮食托市收购政策研究［J］. 中国软科学，2011（9）：10 - 17.

［31］胡瑞法，王润，孙艺夺，等. 农业社会化技术服务与农户技术信息来源——基于 7 省 2293 个农户的调查［J］. 科技管理研究，2019（22）：99 - 105.

［32］黄达，刘鸿儒，张肖. 中国金融百科全书［M］. 北京：中国金融出版社，1990.

［33］黄季焜，冀县卿. 农地使用权确权与农户对农地的长期投资［J］. 管理世界，2012（9）：187 - 188.

［34］黄季焜，王丹，胡继亮. 对实施农产品目标价格政策的思考——基于新疆棉花目标价格改革试点的分析［J］. 中国农村经济，2015（5）：10 - 18.

［35］江朦朦. 农业补贴政策经济效应评估研究［D］. 武汉：华中师范大学，2018.

［36］［美］杰弗里·M. 伍德里奇. 计量经济学导论［M］. 4 版. 北京：中国人民大学出版社，2014.

［37］鞠国华，王燕. 财政与金融协同保障我国粮食安全的支持路径研究［J］. 农村金融研究，2020（12）：59 - 69.

［38］柯炳生. 如何完善农业支持保护政策［J］. 农村工作通讯，2017（24）：16 - 17.

［39］孔祥斌．耕地"非粮化"问题、成因及对策［J］．中国土地，2020（11）：17－19．

［40］孔祥智，刘同山．论我国农村基本经营制度：历史、挑战与选择［J］．政治经济学评论，2013，4（4）：78－133．

［41］黎东升，曾靖．经济新常态下我国粮食安全面临的挑战［J］．农业经济问题，2015，36（5）：42－47，110．

［42］李成贵．粮食直接补贴不能代替价格支持——欧盟、美国的经验及中国的选择［J］．中国农村经济，2004（8）：54－57．

［43］李谷成．技术效率、技术进步与中国农业生产率增长［J］．经济评论，2009（1）：60－68．

［44］李光兵．国外两种农户经济行为理论及其启示［J］．农村经济与社会，1992（6）：52－57．

［45］李光泗，郑毓盛．粮食价格调控、制度成本与社会福利变化——基于两种价格政策的分析［J］．农业经济问题，2014（8）：6－15．

［46］李纪华，王东，杨沫，等．农民水稻施肥行为研究与政策涵义［J］．长江流域资源与环境，2015（3）：524－530．

［47］李军．农业保险的性质、立法原则及发展思路［J］．中国农村经济，1996（1）：55－59，41．

［48］李俊高．新时代我国农业补贴制度转型效应下降的归因分析及政策建议［J］．西南金融，2020（2）：88－96．

［49］李娜．传统产业升级技术与制度的路径依赖及其作用机理研究［D］．长春：吉林大学，2018．

［50］李鹏山．农田系统生态综合评价及功能权衡分析研究［D］．北京：中国农业大学，2017．

［51］李瑞琴．农户农业生产要素可得性及其对农业收入的影响研究［D］．重庆：西南大学，2015．

［52］李胜连，汪春玲，张丽颖，等．农业产业风险管理主体认知实证研究——宁夏为例［J］．东华理工学报，2011（3）：223－227．

［53］李勇，何欢欢．主产区粮食产量时空格局演变与影响因素

[J]．中国农机化学报，2020，41（6）：216－224．

[54] 李勇杰．论农业保险中道德风险防范机制的构筑 [J]．保险研究，2008（7）：67－69．

[55] 厉为民，黎淑英．世界粮食安全概论 [M]．北京：中国人民大学出版社，1988．

[56] 林光华，汪斯洁．家禽保险对养殖户疫病防控要素投入的影响研究 [J]．农业技术经济，2013（12）：94－102．

[57] 刘斌涛，刘邵权，陶和平，等．基于GIS的山区土地资源安全定量评价模型——以四川省凉山州为例 [J]．地理学报，2011，66（8）：1131－1140．

[58] 刘承芳，张林秀，樊胜根．农户农业生产性投资影响因素研究——对江苏省六个县市的实证分析 [J]．中国农村观察，2002（4）：34－80．

[59] 刘洪涛，陈同斌，郑国砥，等．有机肥与化肥的生产能耗、投入成本和环境效益比较分析——以污泥堆肥生产有机肥为例 [J]．生态环境学报，2010（4）：1000－1003．

[60] 刘景辉，李立军，王志敏．中国粮食安全指标的探讨 [J]．中国农业科技导报，2004（4）：10－16．

[61] 刘敏芳，席美丽．欧盟的粮食安全政策及对我国的启示 [J]．西北农业学报，2005（6）：205－208．

[62] 刘荣茂，马林靖．农户农业生产性投资行为的影响因素分析——以南京市五县区为例的实证研究 [J]．农业经济问题，2006（12）：22－26．

[63] 龙冬平，李同昇，于正松．农业技术扩散中的农户采用行为研究：国外进展与国内趋势 [J]．地域研究与开发，2014（5）．

[64] 吕开宇，张崇尚，邢鹂．农业指数保险的发展现状与未来 [J]．江西财经大学学报，2014（2）：62－69．

[65] 吕新业，王济民，吕向东．我国粮食安全状况及预警系统研究 [J]．农业经济问题，2005（S1）：34－40．

[66] 栾敬东，程杰．基于产业链的农业风险管理体系建设 [J]．农

业经济问题, 2007 (3): 86-91.

[67] 罗必良. 中国农业经营制度: 立场、线索与取向 [J]. 农林经济管理学报, 2020, 19 (3): 261-270.

[68] 马恩朴, 蔡建明, 林静, 等. 2000—2014 年全球粮食安全格局的时空演化及影响因素 [J]. 地理学报, 2020, 75 (2): 332-347.

[69] 马晓河. 中国粮食结构性供给过剩造成 "新" 的不安全 [EB/OL]. (2017-05-19). http://www.yjy.ruc.edu.cn/xzzl_displaynews.php?id=11681.

[70] 毛学峰, 刘靖, 朱信凯. 中国粮食结构与粮食安全: 基于粮食流通贸易的视角 [J]. 管理世界, 2015 (3): 76-85.

[71] 毛玉龙. 第三次国土调查对耕地的调查和认定 [J]. 西部资源, 2021 (6): 166-168.

[72] 宁满秀. 农业保险与农户生产行为关系研究 [D]. 南京: 南京农业大学, 2006.

[73] 宁自军. 新时期粮食供需平衡态势与粮食安全对策——以浙江省嘉兴市为例 [J]. 嘉兴学院学报, 2020, 32 (1): 66-76.

[74] 潘苏, 熊启泉. 国际粮价对国内粮价传递效应研究——以大米、小麦和玉米为例 [J]. 国际贸易问题, 2011 (10): 3-13.

[75] 普蒉喆, 程郁, 郑风田. 以政策性信贷优化农业支持政策: 美国镜鉴 [J]. 农业经济问题, 2017 (12): 99-109.

[76] 普蒉喆, 郑风田. 粮食储备与价格调控问题研究动态 [J]. 经济学动态, 2016 (11): 115-125.

[77] 史清华, 姚建民. 农业风险管理模式的评析与选择 [J]. 经济问题, 1994 (6): 11-14.

[78] 宋圭武. 农户行为研究若干问题述评 [J]. 农业技术经济, 2002 (4): 59-64.

[79] 田兴平. 我国耕地保护的效果及改进对策分析 [J]. 科技风, 2018 (18): 199.

[80] 庹国柱, 李军. 农业保险 [M]. 北京: 中国人民大学出版社,

2005：12 – 14.

[81] 庹国柱，王国军．中国农业保险与农村社会保障制度研究 [M]．北京：首都经贸大学出版社，2002.

[82] 庹国柱．论政策性农业保险中的道德风险及其防范 [C] // 2012 中国保险与风险管理国际年会论文集．2012：454 – 459.

[83] 万宝瑞，等．韩国和德国保障粮食安全的经验值得借鉴——韩国、德国粮食安全考察报告 [J]．农业经济问题，2008 (4)：4 – 9.

[84] 王建洪，冉光和，孟坤．农户收入结构对农户投资的影响问题研究 [J]．农业技术经济，2009 (1)：92 – 97.

[85] 王士海，李先德．中国政策性粮食竞价销售对市场价格有影响吗？——以小麦为例 [J]．中国农村经济，2013 (2)：61 – 70.

[86] 文东伟．资源错配、全要素生产率与中国制造业的增长潜力 [J]．经济学（季刊），2019 (1)：617 – 638.

[87] 翁贞林．农户理论与应用研究进展与述评 [J]．农业经济问题，2008 (8)：93 – 100.

[88] 吴文斌，龙禹桥，余强毅，等．中国耕地集约化与规模化利用耦合特征分析 [J]．中国农业资源与区划，2020，41 (3)：12 – 19.

[89] 吴郁玲，张佩，于亿亿，等．粮食安全视角下中国耕地"非粮化"研究进展与展望 [J]．中国土地科学，2021，35 (9)：116 – 124.

[90] 伍晓容，唐艳．当前我国农业保险模式的理性选择——以黑龙江阳光农业相互保险公司为例 [J]．沈阳大学学报，2009 (2)：55 – 58，77.

[91] 西爱琴，陆文聪，梅燕．农户种植业风险及其认知比较研究 [J]．西北农林科技大学学报，2006 (4)：22 – 28.

[92] 西爱琴，吕品．浙江农户农业风险管理措施有效性的实证分析 [J]．浙江理工大学学报，2010 (4)：659 – 678.

[93] 肖斌．中亚国家的粮食安全指数及评估 [J]．俄罗斯东欧中亚研究，2013 (1)：55 – 61.

[94] 谢家智，等．中国农业保险发展研究 [M]．北京：科学出版

社，2009：17.

[95] 解星明. 澜沧县耕地保护与质量提升存在的问题及对策 [J]. 低碳世界，2017（27）：273－274.

[96] 熊存开. 市场经济条件下农业风险管理的研究 [J]. 农业经济问题，1997（5）：43－47.

[97] 许庆，章元. 土地调整、地权稳定性与农民长期投资激励 [J]. 经济研究，2005（10）：59－69.

[98] 晏艳阳，吴志超. 创新政策对全要素生产率的影响及其溢出效应 [J]. 科学学研究，2020（10）：1868－1878.

[99] 杨发庭. 技术与制度：决定抑或互动 [J]. 理论与现代化，2016（5）：30－36.

[100] 杨艳文. 践行绿色发展理念　绘就美丽中国底色——中国农民合作社与农业绿色发展 [J]. 中国农民合作社，2020（3）：28－30.

[101] 姚成胜，滕毅，黄琳. 中国粮食安全评价指标体系构建及实证分析 [J]. 农业工程学报，2015，31（4）：1－10.

[102] 叶兴庆. 农业政策体系重构需在"六个方面"发力 [J]. 农村工作通讯，2016（22）：36－38.

[103] 叶兴庆. 我国农业支持政策转型：从增产导向到竞争力导向 [J]. 改革，2017（3）：19－34.

[104] 尹文静，王礼力，McConnel T. 农民生产投资的影响因素分析——基于监督分组的主成分回归分析 [J]. 农业技术经济，2011（2）：19－26.

[105] 曾玉珍，穆月英. 农业风险分类及风险管理工具适用性分析 [J]. 经济经纬，2011（2）：128－132.

[106] 詹琳，蒋和平. 粮食目标价格制度改革的困局与突破 [J]. 农业经济问题，2015（2）：14－20.

[107] 张洪涛，郑成功. 保险学 [M]. 北京：中国人民大学出版社，2003.

[108] 张惠茹. 指数保险合约——农业保险创新探析 [J]. 中央财

经大学学报，2008（11）：49 – 53.

[109] 张利庠，陈秀兰. 我国小麦价格变动特点分析 [J]. 农业技术经济，2014（5）：73 – 80.

[110] 张平平，鲁成树. 安徽省沿江地区耕地利用集约度及粮食安全相关分析 [J]. 水土保持通报，2011，31（3）：202 – 207，224.

[111] 张瑞娟，高鸣. 新技术采纳行为与技术效率差异——基于小农户与种粮大户的比较 [J]. 中国农村经济，2018（5）：84 – 97.

[112] 张务锋. 抓好"粮头食尾"和"农头工尾"加快建设粮食产业强国 [J]. 中国经济导刊，2018（25）：11 – 16.

[113] 张玉梅，胡向东，韩昕儒. 中国农业产业发展报告 2018 [M]. 北京：经济科学出版社，2018.

[114] 张元红，刘长全，国鲁来. 中国粮食安全状况评价与战略思考 [J]. 中国农村观察，2015（1）：2 – 14，29，93.

[115] 张跃华，顾海英. 准公共品、外部性与农业保险的性质——对农业保险政策性补贴理论的探讨 [J]. 中国软科学，2004（9）：10 – 15.

[116] 赵春雨，朱承亮，安树伟. 生产率增长、要素重置与中国经济增长——基于分行业的经验研究 [J]. 中国工业经济，2011（8）：79 – 88.

[117] 赵婷，陈钊. 比较优势与产业政策效果：区域差异及制度成因 [J]. 经济学（季刊），2020（4）：777 – 796.

[118] 赵文军，于津平. 市场化进程与我国经济增长方式——基于省际面板数据的实证研究 [J]. 南开经济研究，2011（3）：3 – 22.

[119] 赵小凤，李娅娅，郑雨倩，等. 产业结构、农民收入结构对耕地非粮化的影响 [J]. 国土资源科技管理，2019，36（5）：66 – 77.

[120] 赵玉林，谷军健. 制造业创新增长的源泉是技术还是制度？ [J]. 农业经济，2018（5）：800 – 912.

[121] 赵玉领. 中国近 10 年耕地资源变化情况统计分析 [J]. 国土与自然资源研究，2020（1）：53 – 57.

[122] 赵芝俊，袁开智. 中国农业技术进步贡献率测算及分解：

1985—2005 [J]. 农业经济问题, 2009 (3): 28 – 36.

[123] 郑旭媛, 徐志刚. 资源禀赋约束、要素替代与诱致性技术变迁——以中国粮食生产的机械化为例 [J]. 经济学 (季刊), 2016 (10): 45 – 66.

[124] 中共中央党史和文献研究院. 习近平关于"三农"工作论述摘编 [M]. 北京: 中央文献出版社, 2019.

[125] 中国保险监督管理委员会浙江监管局课题组, 程杭. 浙江省农业保险发展模式选择与比较 [J]. 浙江金融, 2014 (5): 20 – 24.

[126] 钟甫宁, 宁满秀, 邢鹂, 等. 农业保险与农用化学品施用关系研究——对新疆玛纳斯河流域农户的经验分析 [J]. 经济学 (季刊), 2007 (1): 291 – 308.

[127] 钟甫宁. 从供给侧推动农业保险创新 [N/OL]. 人民日报, 2016 – 06 – 24 [2016 – 10 – 16]. http: //opinion. people. com. cn/n1/2016/0624/c1003 – 28473721. html.

[128] 钟钰, 陈博文, 孙林, 等. 泰国大米价格支持政策实践及启示 [J]. 农业经济问题, 2014 (10): 103 – 109.

[129] 朱承亮, 李平. 提高全要素生产率的三个基本问题 [N]. 中国社会科学报, 2019 – 05 – 08 (1687).

[130] 宗国富, 周文杰. 农业保险对农户生产行为影响研究 [J]. 保险研究, 2014 (4): 23 – 30.

[131] Abolhassani M H, Kolahdooz F, Majdzadeh R, et al. Identification and Prioritization of Food Insecurity and Vulnerability Indices in Iran [J]. Iranian Journal of Public Health, 2015, 44 (2): 244 – 253.

[132] Ahsan S M, Ali A A G, Kurian N J. Toward a Theory of Agricultural Insurance [J]. American Journal of Agricultural Economics, 1982, 64 (4): 520 – 529.

[133] Ahsan S, Ali A, Kurian N. Toward a Theory of Agricultural Insurance [J]. American Journal of Agricultural Economics, 1982 (3): 520 – 529.

[134] Anna P. Farmers' Risk Perception, Risk Aversion and Strategies to Cope with Production Risk: An Empirical Study from Poland [J]. Studies in Agricultural Economics, 116 (2014): 140 – 147.

[135] Arrow K J. Uncertainty and the Welfare Economics of Medical Care [J]. American Economic Review, 1965, 55 (1/2): 154 – 158.

[136] Babcock B A, Hennessy D A. Input Demandunder Yield and Revenue Insurance [J]. American Journal of Agricultural Economics, 1996, 78: 416 – 427.

[137] Babcock B A. Using Cumulative Prospect Theory to Explain Anomalous Crop Insurance Coverage Choice [J]. American Journal of Agricultural Economics, 2015, 97 (5): 1371 – 1384.

[138] Barro R J. Notes on Growth Accounting [J]. Journal of Economic Growth, 1999, 4 (2): 119 – 137.

[139] Bigman D. Food Policies and Food Security under Instability: Modeling and Analysis [M]. MD: Lexington Books, 1985.

[140] Bilan Y, Lyeonov S, Stoyanets N, et al. The Impact of Environmental Determinants of Sustainable Agriculture on Country Food Security [J]. International Journal of Environmental Technology and Management, 2018, 21 (5/6): 289 – 305.

[141] Brennan D. Price Dynamics in the Bangladesh Rice Market: Implications for Public Intervention [J]. Agricultural Economics, 2003, 29 (1): 15 – 25.

[142] Deaton A, Laroque G. Competitive Storage and Commodity Price Dynamics [J]. Journal of Political Economy, 1996, 104 (5): 896 – 923.

[143] Deaton A, Laroque G. On the Behaviour of Commodity Prices [J]. Review of Economic Studies, 1992, 59 (1): 1 – 23.

[144] Featherstone A M, Goodwin B K. Factors in Fluencing a Farmer's Decision to Invest in Long – Term Conservation Improvements [J]. Land Economics, 1993 (1): 67 – 81.

［145］Foster D A, Mark R R. Microeconomics of Technology Adoption ［J］. Annual Review of Economics, 2010, 2 (1): 395 – 424.

［146］Galeana – Pizana J M, Couturier S, Monsivais – Huertero A. Assessing Food Security and Environmental Protection in Mexico with a GIS – based Food Environmental Efficiency Index ［J］. Land Use Policy, 2018, 76: 442 – 454.

［147］Gardner B L, López R O N. The Inefficiency of Interest – rate Subsidies in Commodity Price Stabilization ［J］. American Journal of Agricultural Economics, 1996, 78 (3): 508 – 516.

［148］Glauber J, Helmberger P, Miranda M. Four Approaches to Commodity Market Stabilization: A Comparative Analysis ［J］. American Journal of Agricultural Economics, 1989, 71 (2): 326 – 337.

［149］Gong B. Agricultural Reforms and Production in China: Changes in Provincial Production Function and Productivity in 1978 – 2015 ［J］. Journal of Development Economics, 2018, 132: 18 – 31.

［150］Gouel C, Gautam M, Martin W J. Managing Food Price Volatility in a Large Open Country: The Case of Wheat in India ［R］. World Bank, 2016.

［151］Gouel C, Jean S. Optimal Food Price Stabilization in a Small Open Developing Country ［J］. The World Bank Economic Review, 2015, 29 (1): 72 – 101.

［152］Gouel C. Optimal Food Price Stabilisation Policy ［J］. European Economic Review, 2013a, 57: 118 – 134.

［153］Gouel C. Rules versus Discretion in Food Storage Policies ［J］. American Journal of Agricultural Economics, 2013b, 95 (4): 1029 – 1044.

［154］Gudbrand L, Ola F, Anne M J. Management and Risk Characteristics of Part – Time and Full – Time Farmers in Norway ［J］. Review of Agricultural Economics, 2006 (11): 111 – 131.

［155］Hardaker J, Huime R M, Anderson J R. Coping with Risk in Agriculture ［M］. Wallingford, UK: CAB International, 1997.

[156] Horowitz J, Lichtenberg K. Insurance, Moral Hazard, and Chemical Use in Agriculture [J]. American Journal of Agricultural Economics, 1993 (7): 926 – 935.

[157] How M, Chan Y J, Cheah S. Predictive Insights for Improving the Resilience of Global Food Security Using Artificial Intelligence [J]. Sustainability, 2020, 12 (15): 6272.

[158] Huang J K, Rozelle S. Technological Change: Rediscovering the Engine of Productivity Growth in China's Rural Economy [J]. Journal of Development Economics, 1996, 49 (2): 337 – 369.

[159] Huang W Y. Using Insurance to Enhance Nitrogen Fertilizer Application Timing to Reduce Nitrogen Losses [J]. Journal of Agricultural and Applied Economics, 2002, 34 (1): 131 – 148.

[160] Hubbard C, Hubbard L. External Supply Risks in the Context of Food Security: An Index Borrowed from the Energy Security Literature [J]. Eurochoices, 2014, 13 (2): 30 – 35.

[161] Hubbard L J, Hubbard C. Food Security in the United Kingdom: External Supply Risks [J]. Food Policy, 2013, 43: 142 – 147.

[162] Hui L. The Evaluation Index System Establishment of the Food Security in Developing Country [J]. Research Journal of Applied Sciences, Engineering and Technology, 2013, 5 (17): 4284 – 4290.

[163] International Monetary Fund (IMF). World Economic Outlook Database, October 2020 [EB/OL]. [2022 – 06 – 17]. https://www. imf. org/en/Publications/WEO/weo – database/2020/October.

[164] Izraelov M, Silber J. An Assessment of the Global Food Security Index [J]. Food Security, 2019, 11 (5): 1135 – 1152.

[165] Jame A L, Paul D T. Moral Hazard and Background Risk in Competitive Insurance Markets [J]. Economica, New Series, 2008, 75 (300): 700 – 709.

[166] Kumar M D, Bassi N, Singh O P. Rethinking on the Methodology

for Assessing Global Water and Food Challenges [J]. International Journal of Water Resources Development, 2020, 36 (2 – 3): 547 – 564.

[167] Liu Y, Bai H. Grey Relational Analysis of the Synthetical Evaluation Index System of Food Security [Z]. 2008.

[168] Liu Y, Wang S, Chen B. Optimization of National Food Production Layout based on Comparative Advantage Index [J]. Energy Procedia, 2019, 158: 3846 – 3852.

[169] Loehman E, Nelson C. Optimal Risk Management, Risk Aversion, and Production Function Properties [J]. Journal of Agricultural and Resource Economics, 1992, 17 (2): 219 – 231.

[170] Lucas Jr R E. On the Mechanics of Economic Development [J]. Journal of Monetary Economics, 1988, 22 (1): 3 – 42.

[171] Lyu K Y, Barré T J. Risk Aversion in Crop Insurance Program Purchase Decisions: Evidence from Maize Production Areas in China [J]. China Agricultural Economic Review, 2017, 9 (1): 62 – 80.

[172] Massell B F. Price Stabilization and Welfare [J]. The Quarterly Journal of Economics, 1969, 83 (2): 284 – 298.

[173] Michael J R, Craig O, Meredith S. Risks, Government Programs and the Environment [M]. USDAERS, 2004.

[174] Michael J R, Nigel K, Erik D. Estimating the Extent of Moral Hazard in Crop Insurance Using Administrative Data [J]. Review of Agricultural Economics, 2006, 28 (3): 381 – 390.

[175] Miller A, Dobbins C, Pritchett J. Risk Management for Farmers [R]. Department of Agricultural Economics West Lafayette, Indiana, 2004 (9).

[176] Miranda M J, Helmberger P G. The Effects of Commodity Price Stabilization Programs [J]. The American Economic Review, 1988, 78 (1): 46 – 58.

[177] Mishra A K, Wesley N, El – Osta H. Moral Hazard Good for the

Environment? Revenue Insurance and Chemical Input Use [J]. Journal of Environmental Management, 2005, 74 (1): 11 – 20.

[178] Moradabadi S A, Ziaee S, Boshrabadi H M, et al. Effect of Agricultural Sustainability on Food Security of Rural Households in Iran [J]. Journal of Agricultural Science and Technology, 2020, 22 (2): 289 – 304.

[179] Newbery D M, Stiglitz J E. Optimal Commodity Stock – piling Rules [J]. Oxford Economic Papers, 1982: 403 – 427.

[180] Nimon R W, Mishra A K. Revenue Insurance and Chemical Input Use Rates [Z]. Paper presented at the Annual Meeting of the American Agricultural Economics Associatioii. Chicago, IL, 2001.

[181] OECD. Managing Risk in Agriculture: A Holistic Approach (Extracts) [R]. 2009.

[182] Organization for Economic Co – operation and Development (OECD), Food and Agriculture Organization of the United Nations (FAO). OECD – FAO Agricultural Outlook 2020 – 2029 [M]. Paris: OECD Publishing, 2020.

[183] Park A. Risk and Household Grain Management in Developing Countries [J]. The Economic Journal, 2006, 116 (514): 1088 – 1115.

[184] Quiggin J, Karagiannis G, Stanton J. Crop Insurance and Crop Production: An Empirical Study of Moral Hazard and Adverse Selection [J]. Australian Journal of Agricultural Economics, 1993, 37 (2): 95 – 113.

[185] Quiggin J. Some Observations on Insurance, Bankruptcy and Input Demand [J]. Journal of Economic Behavior and Organization, 1992 (1): 101 – 110.

[186] Quiggin J. The Optimal Design of Crop Insurance [C] //Hueth D L, Furtan W H. Economics of Agricultural Crop Insurance: Theory and Evidence. Norwell, MA: Kluwer Academic Publishers, 1994: 115 – 134.

[187] Ramaswami B. Supply Response to Agricultural Insurance: Risk Reduction and Moral Hazard Effects [J]. American Journal of Agricultural Economics, 1993 (4): 914 – 925.

［188］Roberts M J, O'Donoghue E J, Key N D. Chemical and Fertilizer Applications in Response to Crop Insurance: Evedence from Census Micro Data ［Z］. Paper prepared for presentation at the Annual Meeting of the American Agricultural Economics Association, Montreal, Quebec, 2003.

［189］Romer P M. Increasing Returns and Long – run Growth ［J］. Journal of Political Economy, 1986, 94 (5): 1002 – 1037.

［190］Sam A S, Abbas A, Padmaja S S, et al. Linking Food Security with Household's Adaptive Capacity and Drought Risk: Implications for Sustainable Rural Development ［J］. Social Indicators Research, 2019, 142 (1): 363 – 385.

［191］Samuelson P A. A Theory of Induced Innovation along Kennedy—Weisäcker Lines ［J］. The Review of Economics and Statistics, 1965, 47 (4): 343 – 356.

［192］Schumpeter J A, Nichol A J. Robinson's Economics of Imperfect Competition ［J］. Journal of Political Economy, 1934, 42 (2): 249 – 259.

［193］Serra T, Zilberman D, Gil J M. Differential Uncertainties and Risk Attitudes between Conventional and Organic Producers: The Case of Spanish Arable Crop Farmers ［J］. Agricultural Economics, 2008, 39 (2): 219 – 229.

［194］Smith V, Goodwin B. Crop Insurance, Moral Hazard, and Agricultural Chemical Use ［J］. American Journal of Agricultural Economics, 1996, 78 (2): 428 – 438.

［195］Solow R M. Technical Change and the Aggregate Production Function ［J］. The Review of Economics and Statistics, 1957, 39 (3): 312 – 320.

［196］Venghaus S, Dieken S. From a Few Security Indices to the FEW Security Index: Consistency in Global Food, Energy and Water Security Assessment ［J］. Sustainable Production and Consumption, 2019, 20: 342 – 355.

［197］Wang S L, Tuan F, Gale F, et al. China's Regional Agricultural

Productivity Growth in 1985 – 2007: A Multilateral Comparison [J]. Agricultural Economics, 2013, 44 (2): 241 – 251.

[198] Williams J C, Wright B D. Storage and Commodity Markets [M]. UK: Cambridge University Press, 1991.

[199] Wright B D. Dynamic Perspectives on Agricultural Policy Issues [J]. American Journal of Agricultural Economics, 1993, 75 (5): 1113 – 1125.

[200] Wright B, Cafiero C. Grain Reserves and Food Security in the Middle East and North Africa [J]. Food Security, 2011, 3 (S1): 61 – 76.

[201] Wright B. Storage and Price Stabilization [J]. Handbook of Agricultural Economics, 2001, 1: 817 – 861.

图书在版编目（CIP）数据

新时期国家粮食安全战略研究／中国农业科学院
"中国粮食发展研究"课题组著. —北京：经济科学
出版社，2022.1
ISBN 978 - 7 - 5218 - 3432 - 1

Ⅰ.①新…　Ⅱ.①中…　Ⅲ.①粮食 - 经济发展 -
研究报告 - 中国 - 2020　Ⅳ.①F326.11

中国版本图书馆 CIP 数据核字（2022）第 024087 号

责任编辑：初少磊　尹雪晶
责任校对：郑淑艳
责任印制：范　艳

新时期国家粮食安全战略研究
中国农业科学院"中国粮食发展研究"课题组　著
经济科学出版社出版、发行　新华书店经销
社址：北京市海淀区阜成路甲 28 号　邮编：100142
总编部电话：010 - 88191217　发行部电话：010 - 88191540
网址：www.esp.com.cn
电子邮箱：esp@ esp.com.cn
天猫网店：经济科学出版社旗舰店
网址：http://jjkxcbs.tmall.com
北京季蜂印刷有限公司印装
710×1000　16 开　14.25 印张　210000 字
2022 年 1 月第 1 版　2022 年 1 月第 1 次印刷
ISBN 978 - 7 - 5218 - 3432 - 1　定价：68.00 元
（图书出现印装问题，本社负责调换。电话：010 - 88191510）
（版权所有　翻印必究　举报电话：010 - 88191586
电子邮箱：dbts@ esp.com.cn）